Anne Diergarten · Friederike Smeets
Komm, ich erzähl dir was

Anne Diergarten
Friederike Smeets

komm, ich erzähl dir was

Märchenwelt und kindliche Entwicklung

Kösel

CIP-Kurztitelaufnahme der Deutschen Bibliothek

Diergarten, Anne:
Komm, ich erzähl dir was : Märchenwelt u. kindl. Entwicklung / Anne Diergarten ; Friederike Smeets. – München : Kösel, 1987.
ISBN 3-466-34177-9
NE: Smeets, Friederike:

Gesamtherstellung: Kösel, Kempten
Umschlag: Brigitte Schneider, Lüftelberg
ISBN 3-466-34177-9

Inhalt

Zweiter Teil: Friederike Smeets

Erster Teil

Anne Diergarten

1. Märchen für Kinder von heute?

In der Erinnerung vieler Erwachsener erscheint die Kindheit als eine paradiesische Zeit, eine Zeit der uneingeschränkten Freude. Im Widerspruch dazu steht, daß sich viele Menschen gar nicht mehr an die Zeit vor dem fünften oder sechsten Lebensjahr erinnern können, abgesehen von einigen unklaren Eindrücken, die aber auch häufig aus der Erzählung der Eltern bzw. von Geschwistern und Verwandten herrühren. Die erste Periode der Kindheit ist verschüttet oder untergetaucht wie Städte des Altertums; und selbst wenn wir versuchen, dorthin zurückzukehren, eventuell mit Hilfe eigener Kinder, so sind wir in diesen Städten fremde Wanderer. Intellektuelle und emotionale Weiterentwicklung sowie Anpassung an die objektiven Sachverhalte des Lebens haben es unmöglich gemacht, uns in den alten Städten des magischen Lebens und Denkens zurechtzufinden. Denn das Weltbild des Kindes bis zum 5./6. Lebensjahr ist ein magisches, das sich noch in einem Zustand von Unordnung und starken Emotionen befindet und durch ein unbeständiges Verhältnis zur objektiven Welterfassung gekennzeichnet ist.
Hier hat das Märchen seinen Platz: es erzählt von Gefahren und Begebenheiten, ähnlich wie das Kind sie erlebt. Die meisten Erwachsenen sind jedoch Fremde geworden in dieser Welt der Riesen, Gespenster, Zwerge und Hexen, aber auch der guten und hilfreichen Feen, der wohlwollenden alten und weisen Frauen und Männer. Auch Erwachsene können diese Welt wieder entdecken, doch es ist eine mühsame Arbeit, weil dabei in der Regel nicht die »goldene Zeit der glücklichen Kindheit« zum Vorschein kommt, sondern häufig viele Ängste, Unsicherheiten und Demütigungen, die einfach durch das Kindsein – und sei es bei den wohlwollendsten Eltern – entstehen.

Ich möchte Ihnen im folgenden dazu verhelfen, einen Zugang zu den Märchen und zu dem zu bekommen, was in diesen ersten Lebensjahren eigentlich passiert, mit welchen Ängsten, Problemen und Nöten die Kinder konfrontiert sind, wie sie damit umgehen und sie bewältigen. Ich will einen Überblick über die Entwicklung des Kindes während der ersten zehn Jahre geben – wobei der Schwerpunkt bei den ersten sechs Lebensjahren liegt – und einige typische Konflikte und Probleme, die mit den unterschiedlichen Entwicklungsstufen zusammenhängen, aufzeigen. Dabei gibt es keine allgemeingültigen Richtlinien, doch können diese Beiträge helfen, sich besser in Kinder hineinzufühlen. Für uns Erwachsene ist es meist schwierig zu verstehen, was z. B. in einem »nein, nein« schreienden und sich auf den Boden werfenden Kind vorgeht. Nicht zu sagen, »es ist aufsässig und tut es nur, um mich zu ärgern«, sondern herauszufinden, was es nun ist, das dem Kind so wichtig erscheint, darum geht es. Vielleicht war uns das als Kind in dieser Altersstufe auch einmal wichtig, wir haben es aber vergessen, so daß wir auch nicht mehr die Welt des Kindes unbefangen, verstehend, betreten können. Selbst eine noch so vollkommene Erziehung kann ein Kind vor Ängsten und Gefahren nicht schützen, denn Gefahren und Ängste gehören zu jedem Entwicklungsprozeß dazu.
Um dies zu verdeutlichen, möchte ich eine von Röhrich angeführte Anekdote zitieren: »die, wenn nicht wahr, so doch mindestens gut erfunden ist: sie handelt von einem jungen amerikanischen Ehepaar, das ängstlich bemüht war, von seinem kleinen Sohn alles fernzuhalten, was in dem kleinen John Angstkomplexe erwecken könnte. Darum war es allen, die mit dem Kind zusammenkamen, streng verboten, ihm etwa Märchen zu erzählen, und die Eltern waren sehr stolz darauf, daß sie ihren Sprößling frei von allem Aberglauben erzogen. Alles schien nach Wunsch zu gehen, doch siehe da, eines Tages wehrte sich der Kleine, allein im Dunklen zu bleiben, und fing an bitterlich zu weinen. Besorgt stürzten die Eltern herein und fragten, was denn los sei. ›Ein Komplex sitzt unter dem Bett‹, schluchzte der Kleine, und es dauerte lange, bis er sich beruhigt hatte.«[1]

Die Eltern des kleinen John hatten die Märchen aus dem Kinderzimmer verbannt, da sie diese wahrscheinlich als »grausam« oder zumindest als »angsterregend« einstuften. »Angsterregend« aber sind Märchen per se nicht. Man kann sie allerdings so erzählen oder einsetzen, daß sie Angst machen können. Angst haben die meisten Kinder in der Regel schon vorher, unabhängig von den Märchen, meist ohne sie verbal benennen oder beschreiben zu können. Das Märchen vermag ihnen Bilder und Gestalten zur Verfügung zu stellen, an denen sie die Angst festmachen können. Ein Erwachsener hat vielleicht auch Angst, abends in den Keller zu gehen, wobei diese jedoch oft diffus ist. Ein Kind aber, das sagen kann, »im Keller ist eine Hexe, und vor der habe ich Angst«, hat eine konkrete, bebilderte Angst. Meist fällt es uns Erwachsenen schwer, auf diese Bildebene einzusteigen; im Gegenteil, wir erklären den Kindern, daß es doch keine Hexen mehr gibt. Eine solche Erklärung erreicht aber nur den Kopf und nicht das Gefühl, und wir lassen das Kind mit seiner Angst im Stich: wir nehmen ihm durch unsere Erklärung seine bebilderte Angst, gegen die Gegenkräfte mobilisiert werden könnten, z. B. indem man diese Hexe überlistet. Nehmen wir dem Kind seine Angstbilder, so ist es hilflos preisgegeben; es kann sich gegen die diffuse Angst nicht wehren.
Es ist gegenwärtig weit verbreitet, die Angstgefühle unserer Kinder wegzurationalisieren. Jede Entwicklungsstufe enthält spezifische Wagnisse und aktiviert ganz bestimmte, damit in Verbindung stehende Ängste. Diese werden jedoch erst dann zum Problem, wenn sie uns überschwemmen und wir keine Fähigkeiten entwickeln konnten, mit ihnen umzugehen. Das heißt, alles Angstmachende aus den Kinderzimmern oder aus dem Leben von Kindern zu verbannen, ist nicht sinnvoll, und wir tun den Kindern damit keinen Gefallen. Zwar sollten wir selbst uns nicht wie »kinderfressende Hexen« oder »erdrückende Riesen« in den Kinderzimmern benehmen; aber die Kinder wird das nicht hindern, in uns eine solch böse Gestalt zu sehen – spätestens dann, wenn wir ihrem Spiel ein Ende setzen, um sie zu Bett zu bringen.

Für die menschliche Entwicklung sind die Möglichkeiten wichtig, diesen Gespenstern Herr zu werden: sei es, daß sich das Kind selbst als Gespenst verkleidet und mit fürchterlichem Geschrei alle anderen Gespenster verjagt oder ihnen etwas von seinen Süßigkeiten abgibt, um sie sich gewogen zu machen. Entscheidend ist, daß ein Kind einen Weg findet, mit seinen, den Erwachsenen irreal erscheinenden Ängsten umzugehen und somit einige Kräfte zu entwickeln.

Erwachsene sind nicht dazu da, gefährliche Gestalten aus dem Kinderzimmer zu verbannen, sondern um entsprechende Möglichkeiten anzubieten, mit diesen umzugehen. Dabei kann das Märchen behilflich sein. Hier finden wir viele bedrohliche Gestalten wieder, aber auch Modelle, wie die Märchenhelden mit diesen Gefahren umgehen.

Erwachsene, die sich erinnern können, welche Bedeutung die Märchen in ihrer eigenen Kinderzeit hatten, werden, trotz aller intellektueller Verunsicherung, die Märchen leichter an die Kinder weitergeben. Erwachsenen, die in ihrer eigenen Kindheit keinerlei Berührung mit Märchen hatten, fällt es viel schwerer, überhaupt einen inneren Zugang dazu zu finden. Ganz abgesehen von denen, die negative Erfahrungen damit gemacht haben, in Form von Droh- und Erziehungshilfegeschichten.

Für einen »gebildeten« Menschen ist es schwer, Zugang zu den Bildern der Märchen zu finden, weil er für diese Sichtweise, die dem Kind entspricht, »verbildet« ist. Vielleicht ist dieser Gedanke an Träumen – dem Märchen in Darstellungsweise und -form sehr verwandt –, besser nachvollziehbar. Die nächtlichen Träume sind zahlreichen Erwachsenen ebenfalls fremd, wenn sie sich am Morgen überhaupt noch erinnern können. Viele Menschen sagen von sich: »Ich träume nie«, was aber nicht zutrifft. Es ist nur die Traumwelt schon wieder versunken. Obwohl Träume etwas ganz Persönliches, Individuelles sind, Bilder aus der Innenwelt eines Menschen, sind sie vielen fremd, unverständlich oder verflüchtigen sich rasch, weil sie nicht in logische Denkkategorien passen.

Die Traumwelt des Menschen ist den Märchen sehr ähnlich.

Auch Erwachsene kämpfen nachts mit Riesen, Ungeheuern und wilden Tieren. Die Angst, verschlungen oder erdrückt zu werden, findet sich in den Träumen ebenso wie die grenzenlose Wunscherfüllung. Märchen erzählen auch von der Zeit, in der »das Wünschen noch geholfen hat«; der Zeit, als die Mutter, durch Schreien aktiviert, zum Kind eilte, um das entsprechende Bedürfnis zu befriedigen, sei es den Wunsch nach Essen oder Trinken oder nach dem aus dem Bett gefallenen Kuscheltier. In Märchen und Träumen finden sich diese freundlichen, allesgewährenden Gestalten, die guten Geister, wieder, in der alten Frau, dem weisen Mann u. a. So heißt es beispielsweise in dem Märchen *Der süße Brei (KHM 103)**: »Da ging das Kind hinaus in den Wald, und begegnete ihm da eine alte Frau, die wußte seinen Jammer schon und schenkte ihm ein Töpfchen . . .«.

Durch die Psychoanalyse wissen wir, daß sich in der Bildsprache der Träume die Wünsche, aber auch die Konflikte und Probleme, eines Menschen ausdrücken.

Zweifel an der Zeitgemäßheit des Märchens entstehen vor allem aus der Frage, ob seine magische Welt nicht dazu beiträgt, die Phantasie des Kindes übermäßig zu Lasten der intellektuellen Entwicklung und des Wirklichkeitssinns anzuregen.

Viele Eltern legen deshalb den Schwerpunkt auf die rationale Erziehung, um die Kinder frühzeitig genug auf die technischen Probleme und Zusammenhänge unseres Zeitalters vorzubereiten, und auch aus der Angst heraus, daß das ohnehin verspielte und verträumte Kind durch das Märchen in der intellektuellen Entwickung gehemmt werde.

Wie noch ausführlicher beschrieben werden wird, ist aber das Gegenteill der Fall. Zwingt man den Kindern zu früh das abstrakte Denken auf, das den späteren Jahren vorbehalten ist, so kann die Fähigkeit, abstrakt zu denken, beeinträchtigt werden. Die ersten acht bis zehn Lebensjahre sind dazu da, daß sich die Kinder ein eigenes Bild von der Welt machen und sich mit ihr auseinandersetzen. Gerade das Spiel mit der Phantasie dient der

* Kinder- und Hausmärchen der Brüder Grimm, Nr. 103; im folgenden immer abgekürzt durch *KHM*.

geistigen Gesundheit. Denn das magische, vorwissenschaftliche, vorlogische Denken ist kein vereinfachtes Denken, sondern eine qualitativ völlig anders geartete Form der Welterfassung: intensiv, spontan, sprunghaft und assoziativ, ein komplexes Bilddenken, so wie wir es in den Märchen wiederfinden.

Die Bildhaftigkeit ist das Merkmal kindlichen Denkens überhaupt. In der persönlichen wie auch der stammesgeschichtlichen Entwicklung der Menschheit sind diese bildhaften Gedankengänge die zeitlich früheren, erst darauf folgt das abstrakte, bildärmere Denken, das nicht mehr so sehr der Anschauung und Vorstellung bedarf.

Auf letzteres gehe ich im folgenden Kapitel ein. Später zeige ich, wie viele Volksmärchen dem Kind einen Zugang zum tieferen Sinn der verschiedenen Entwicklungsstufen vermitteln können und wie Märchen, an Hand der entsprechenden Ängste und Sehnsüchte eines Kindes ausgewählt, nicht nur aktuelle Probleme aufgreifen, sondern sogar Lösungen für diese anbieten können.

2. Das Weltbild des Kindes

In diesem Kapitel geht es darum, uns die Weltsicht des Kindes vor Augen zu führen, auf die Ebene kindlichen Denkens einzusteigen und gleichzeitig herauszufinden, wo bei Erwachsenen noch Überreste dieses Denkens zu finden sind.
Ein umfassendes Wissen von der Welt erwirbt ein Mensch in den ersten sieben bis zehn Jahren, wobei dieses Wissen zunächst über die Sinne erworben wird: den Tast-, Geschmacks-, Geruchs-, Gesichts-, Gehör- und auch den Gleichgewichtssinn. Wie wichtig bei dieser Form der Welterkundung eine feste Basis, in der Regel die Mutter oder eine andere Bezugsperson, ist, wird uns das nächste Kapitel noch ausführlicher zeigen. Ein Kind, das nicht in seiner Beziehung geborgen ist, muß alle Sinne auf die Erhaltung der Existenz richten und kann nicht offen sein für die Welt, um sie auf jede nur erdenkliche Weise in sich aufzunehmen.
Das konkrete »Begreifen«, Betasten mit dem Mund und den Händen, ist die Voraussetzung für das spätere »Begreifen« in Form des abstrakten Denkens. Konkretes Erfassen ist also der unabdingbar erste Schritt und muß dem logischen Denken vorausgehen, genauso wie die Milchzähne dem zweiten Gebiß. Manchmal haben Kinder wenig Möglichkeiten, sich mit der stofflichen Welt auseinanderzusetzen, weil alles, was sie in den Mund nehmen wollen, »bäh« ist, oder es wird ihnen aus der Hand genommen, weil sie noch zu klein dafür sind; später sollen sie sich bei ihren Erkundungstouren nicht schmutzig machen. Kinder, die solchermaßen eingeschränkt werden, verlieren die Neugierde. Ihr Weltbild entwickelt sich einseitig, überwiegend durch die weitreichenden Sinne geprägt: Augen und Ohren. Das sind aber gerade die Wahrnehmungsorgane, die zunächst beim

Säugling und Kleinkind in der Welterfassungsfunktion sekundär bleiben. Das Neugeborene ist mit einer Reizschranke ausgestattet, d. h. Licht- und Geräuschquellen dringen nur ab einer bestimmten Frequenz zum Kind durch. Darüber hinaus schützt es sich noch, indem es immer wieder in schlafähnliche Zustände verfällt. Diese Reizschranke ist wichtig, da das Kind sonst von einer Fülle akustischer und optischer Signale überflutet würde, ohne eine erste Ordnung herstellen zu können.

In der frühen Kindheit überwiegt zuerst der Tastsinn: zunächst das Prüfen mit dem Mund, dann durch Augen und Hände. Das Hantieren mit Gegenständen ist absolut notwendig. Eine Einschränkung dieses Experimentierens bedeutet eine Beschneidung der Intelligenz, die am Anfang des Lebens durch Tun und Handeln bestimmt wird.

Dieser Form des Denkens entsprechen auch die Märchen: Wir hören vom Handeln der Personen, das Geschehen steht im Vordergrund. Auch die Gefühle der Helden werden uns als Handlungen vor Augen geführt. So heißt es nicht, »sie war traurig«, sondern »da setzte sie sich hin und weinte«. In den Schlußwendungen wird ebenfalls keine gedankliche Verarbeitung angeboten, es heißt lediglich: »sie feierten ein Hochzeitsfest«, oder »sie lebten lange und mit Freude«. Das Märchen begründet und erklärt also nicht im rational-logischen Sinn. Der alte Mann oder die alte Frau kennen »den Jammer« schon, es wird aber nicht gesagt, woher. Ähnlich geht das Kind zunächst mit der Welt um, und in einem weiteren Entwicklungsschritt kommt es dazu, nach dem Warum und Woher zu fragen. Denn erst auf die Intelligenz der Sinne und der Motorik folgt die begriffliche, die an den Spracherwerb gebunden ist. Bevor ein Kind einen Gegenstand benennen kann, muß es ihn berühren, anfassen, erfassen: eine Form des Lernens, die auch bei älteren Kindern und Erwachsenen erfolgreich ist. Wir merken uns Dinge besser auf Grund persönlicher Erfahrung. Allmählich finden die äußeren Dinge im Begriff eine innere Repräsentanz, ein Symbol.

Allerdings sind die kindlichen Vorstellungen in dieser Zeit noch unbeständig und kurzlebig. Das Kind ist sich z. B. nicht sicher,

ob die Ameise, die ihm vor dem Haus begegnet, dieselbe ist, die es später im Wald sieht.
Das Weltbild des Kindes in der nun folgenden Zeit wird von vielen Autoren als magisch, egozentrisch, anthropomorphistisch, animistisch, physiognomisch und finalistisch bezeichnet. Diese Begriffe, die ich im einzelnen noch erklären werde, charakterisieren bestimmte Merkmale des kindlichen Denkens, die sich gegenseitig überlappen und überlagern. Deutlich beobachtbar sind solche Erscheinungen bei der kindlichen Sprache, dem Spiel, der Kinderzeichnung, den Phantasien und vor allem in den Märchen.

Das magische Denken

Im magischen Denken und in den magischen Handlungsritualen der Kinder zeigt sich ein gewisser Wunsch, die Welt zu verwandeln, äußere Einflüsse zu manipulieren. Es ist der Versuch, die Dinge positiv im Hinblick auf die eigenen Bedürfnisse zu formen. So kann ein Kind im Alter von zehn oder elf Jahren zwei Stunden lang Zeigefinger und Mittelfinger gekreuzt halten, um die Note der Deutscharbeit, die in der dritten Stunde zurückgegeben wird, zu einer guten Note werden zu lassen.
Dem Kleinkind stehen zunächst noch keine naturwissenschaftlichen Erklärungen zur Verfügung, beispielsweise, warum es donnert und blitzt, oder warum es am Tag hell und in der Nacht dunkel ist. Eine Möglichkeit, solche Phänomene zu erklären, bietet sich dadurch, daß sie höheren Mächten zugeschrieben werden, bzw. daß den Dingen selbst höhere Kräfte innewohnen, und es gilt, diese gewogen zu machen.
Ähnliches finden wir noch heute bei Naturvölkern oder bei unseren Vorfahren, die über Jahrtausende so gedacht haben. Die heutige naturwissenschaftliche Erklärung, warum am Tag die Sonne und bei Nacht der Mond scheint, wurde damals durch die Macht von Göttern oder anderen Kräften erklärt.

Dieses magische Denken kann man nicht einfach als eine primitivere, einfachere Form zu denken abtun, sondern es ist qualitativ ein ganz anderes Denken und Sich-in-der-Welt-Bewegen. Es ist das Denken, das die tieferen Schichten der Persönlichkeit berührt und das vielen Erwachsenen verlorengegangen ist, bzw. in irgendwelchen »staubigen Truhen« verpackt liegt. Das heißt, daß wir es noch in uns tragen, aber keinen direkten Zugriff haben.

Gerade in letzter Zeit können wir jedoch erleben, daß dies immer mehr Menschen ein Anliegen ist und sie sich in den verschiedensten Formen aufmachen, zu diesen Schichten zurückzufinden. Möglicherweise ist es gerade die jüngere Generation, die durch frühe Erziehung zu Rationalität, logisch abstraktem Denken, Wege zu mehr »Innerlichkeit« sucht. So heißt es in einem Artikel der Rheinischen Post vom 8. 9. 1986 mit der Überschrift »Geändertes Lebensgefühl. Eine Generation auf esoterischen Trips«: »Bewußtseinserweiterung und Mystik sind bei der Turnschuh-Generation ein schwergewichtiges Thema. Gefühl und Spiritualität heißt der neueste Trend, das Geschäft mit den Untergründen der Seele blüht.«

In der Zeitschrift Stern erschien im September 1986 ein Artikel über den Hexenkult. »Die Anhängerinnen der Hexenreligion in Deutschland bekennen sich vor allem zur ›weißen Magie‹, die hilft und heilt, aber niemals schadet.«

Ergebnissen von Meinungsumfragen zufolge, ist der Glaube an Magie, Hexen und Übersinnliches gerade in den letzten fünf Jahren rapide angestiegen. Parallel dazu verstärkte sich auch wieder das Interesse an den Märchen.

Zwar behaupten manche Autoren, daß das magische Denken durch die Erziehung erst hervorgerufen werde, weil dem Kleinkind natürliche Erklärungen vorenthalten würden. Dies ist meiner Meinung nach aber weniger der Fall. Man kann allerdings Kinder verlängert in diesem Stadium festhalten, indem man ihnen die altersangemessenen Informationen vorenthält, z. B. dann, wenn sie schon eine Ahnung davon haben, daß nicht der Klapperstorch die Babys bringt und man nachdrücklich

betont, daß es doch so ist. Das verwirrt die Kinder, und damit erschwert man die Ablösung von dieser Phase.
Seit einigen Jahren ist eher eine gegenläufige Tendenz zu beobachten, daß den Kindern nämlich, unangemessen früh, schon vieles erklärt wird, was sie teilweise noch nicht verstehen. Angst vor der Zukunft, Arbeitslosigkeit und Numerus clausus verführen Eltern dazu, ihre Kinder, besonders in intellektueller Hinsicht, frühzeitig »fit« zu machen. So sind aus vielen Kinderzimmern heute Osterhase, Nikolaus und Christkind verschwunden. Aber diese magischen Gestalten sind sehr wichtig, sofern sie nicht von den Eltern mißbraucht werden. Für Kinder haben sie eine Bedeutung; z. B. für den Jungen, dem seine Eltern von Anfang an erzählten, daß man sich an Weihnachten beschenkt, weil die Menschen sich über die Geburt des Christkindes freuen. Es wurde nie gesagt, daß die Geschenke vom Christkind oder Weihnachtsmann kommen. Im Alter von vier Jahren, als die Mutter dem Vater gegenüber erwähnte, daß die geliebte Puppe Marie, die er im Jahr zuvor zu Weihnachten bekommen hatte, aus einem bestimmten Geschäft sei, da begann er zu weinen und rief: »Nein, das stimmt nicht, die Marie hat mir das Christkind zu Weihnachten gebracht.« In all den Jahren waren die realen Erklärungen der Eltern auf unfruchtbaren Boden gefallen. Der 2- und 3jährige hatte sie einfach ignoriert, sie interessierten ihn nicht. Mit vier Jahren griff er im Kindergarten von anderen Kindern die für ihn brauchbare Erklärung mit Hilfe der magischen Figur Christkind auf und machte auf diese Art und Weise seine Innenwelt reicher. Magische Gestalten gibt es viele im Märchen: Hexen, Feen, Zauberer und Riesen, die alles vermögen.
Ähnlich ist es, wenn man Kindern etwas über ihre Herkunft vermitteln will. Ein wichtiger Grundsatz ist dabei immer, so viel zu erklären, wie das Kind fragt. Ein Kind, dem man auf seine Fragen altersangemessene Antworten gegeben hat, wird nach einiger Zeit weiterfragen. Wenn Kinder allerdings spüren, daß etwas ein heikles Thema für Eltern ist, auf das diese ungern antworten, dann werden sie aufhören zu fragen. Hier sind wir bei

den Fähigkeiten des Kindes angelangt, die übersinnliche Wahrnehmung oder Telepathie berühren. Kinder können sehr wohl die unausgesprochenen Gefühle der Eltern, besonders der Mutter, wahrnehmen. Wut und Ärger bekommt das Kind sehr feinfühlig mit. Telepathisch kann man die Fähigkeit nennen, wenn Kinder etwas aussprechen, was man selbst gerade denkt. Um das vierte Lebensjahr ist sie besonders stark ausgeprägt. So denkt die Mutter zum Beispiel an eine Freundin, die sie noch heute anrufen will, da kommt eine Stimme aus dem Hintergrund: »Mama, wann besuchen wir die ... mal wieder«, und es fällt der Name der Freundin, an die die Mutter gerade dachte. Telepathie kann es aber auch bei Erwachsenen geben, in der Regel dann, wenn eine starke emotionale Bindung besteht.

Das magische Denken geht zwar allmählich beim Kind zurück, aber bis zur Pubertät ist es noch verhältnismäßig stark ausgeprägt. Nur wenige Erwachsene überwinden magisches Denken ganz. In den tiefen Schichten des Bewußtseins lebt es bei jedem Menschen weiter und kommt unterschiedlich stark zum Vorschein. In Situationen der Angst und Not kann man den Rückgriff auf Tabus, Rituale und Aberglauben besonders ausgeprägt beobachten. Im Alltagsleben findet es mehr im verborgenen statt, z. B. indem Horoskope gelesen oder bei den Lottozahlen Geburts- und andere bedeutsame Daten angekreuzt werden; oder indem es in Hotels keine Zimmer mit der Nummer dreizehn gibt, der Aufzug in Hochhäusern vom 12. direkt ins 14. Stockwerk fährt, bzw. 12a oder 12b die »Böse Dreizehn« ersetzen. Die böse dreizehnte Fee ist uns aus *Dornröschen (KHM 50)* vertraut.

Bei magischen Handlungen kann man verschiedene Formen unterscheiden: einmal solche, die zur Befragung des Schicksals dienen, dann wiederum solche, die eingesetzt werden, um den Gang des Schicksals zu beeinflussen. Zu ersteren gehört das Orakel-Spiel: ist die Ampel rot, wenn ich hinkomme, dann ... oder das Gänseblümchen-Zupfspiel: er liebt mich, er liebt mich nicht.

Zur zweiten Gruppe gehören Leistungsrituale: Laufen nur in ganzen Kästchen, keine Fugen berühren; so lange die Luft

anhalten, bis das nächste Auto vorbeikommt, und wenn dies nicht gelingt, so tritt das negative Ereignis ein, bzw. bei Gelingen wird das Schicksal im gewünschten Sinne beeinflußt.
Eine weitere Gruppe sind die magischen Wünsche und magischen Gebete. Hier wird durch die Allmachtsvorstellung des Kindes versucht, etwas zu ändern oder herbeizuholen. Kleine Kinder betonen dann immer wieder: »Ich will es aber jetzt« und sind gefühlsmäßig davon überzeugt, daß dieses beharrliche »ich will« zu dem gewünschten Eis führt. Oft haben sie auch nicht unrecht, früher oder später kaufen die genervten Eltern das Eis, um endlich Ruhe zu haben. Oder aber, sie stufen es als bösartiges Verhalten des Kindes ein und unterdrücken es frühzeitig. Grundsätzlich ist in diesem beharrlichen Etwas-Wollen der Kinder ein guter, wichtiger Kern für das spätere Leben – wie bei den Märchenhelden. Es geht nur darum, die richtige Mitte mit dem Kind zu finden. Zu einfach ist die westfälische Lösung: »Kinder, die wollen, die kriegen auf die Bollen.«
Besonders viele magische Handlungen kann man bei Kindern vor dem Schlafengehen beobachten, was sicherlich damit zusammenhängt, daß diese Situation besonders Angst macht. Der Wechsel von Aktivität, Kontakt und Helligkeit in einen Zustand der Ruhe, des Alleinseins mit sich und der Dunkelheit, ist nicht nur für Kinder schwierig. Die Eltern können helfen, indem sie ein Zu-Bett-geh-Ritual entwickeln, das sich in immer gleicher Form wiederholt. Dabei sollten die real erforderlichen Dinge mit den angenehmen gekoppelt werden, z. B. Abendbrot essen – Schlafanzug anziehen – Zähne putzen – Bilderbuch gucken – ins Bett getragen werden. Wie man ein solches Ritual füllt, ist nicht so wichtig, entscheidend ist mehr, daß es allabendlich in gleicher Form eingehalten wird. Kinder, die solche Rituale nicht haben, denken sich oft selbst welche aus.
Wichtig für eine gesunde Entwicklung ist, daß die Eltern diesem magischen Denken in adäquater Weise begegnen. Das heißt, daß sie es zumindest als eigene Denkart des Kindes akzeptieren, nicht verlachen oder dem »Dummling« die richtige Weltsicht unbedingt sofort nahebringen wollen. Das Kind kommt noch früh

genug in die Welt der Realität. Sowenig wie die magischen Gestalten vertrieben werden sollten, darf man sie als Erziehungs- oder Drohmittel einsetzen: »Warte nur, bald kommt der Nikolaus«, oder »im Keller ist der schwarze Mann.« Ebenso kann der »liebe Gott« unterschiedlich in das Leben der Kinder eingeführt werden: entweder als eine magische Gestalt, die dem Kind Zuversicht und Schutz in Situationen geben kann, wo dies die Eltern nicht vermögen; oder als verlängerter Arm und weiteres Auge der Eltern, da er alles sieht, selbst das, was die Eltern nicht sehen. Auf Grund ihrer »besseren Beziehungen« erfahren die Eltern aber auch noch die letzten Geheimnisse. Hier sieht man, wie magische Gestalten nicht freundliche Begleiter des sich entwickelnden Kindes und seiner Ängste werden, sondern Kontrollinstanzen.

Die Eltern des magischen Kindes fragen nicht, ob es denn wahr sei, daß ein Gespenst hinter dem Schrank sitzt, sondern sie überlegen mit dem Kind, wie man sich dieses Gespenstes entledigen kann.

Die Ich-Bezogenheit des Kindes

Darunter versteht man den *Egozentrismus* des Kindes, der keinesfalls mit dem Egoismus identisch ist. Das Kind erlebt sich als Mittelpunkt der Welt und kann noch nicht zwischen sich und anderen unterscheiden. Es schließt von sich auf andere. In der Beziehung zu seiner Umwelt hat es zunächst auch nur eine Vergleichsbasis und einen Bezugspunkt, nämlich sich selbst, seine eigenen Wünsche und Gefühle. Das kindliche Ich steht im Mittelpunkt und bewertet von hier aus alles, was ringsherum in der Welt vorgeht.

Die Tatsache, daß das Kind sich als Mittelpunkt dieser Welt erlebt, dürfen wir ihm nicht übelnehmen, denn wir selbst haben ihm dieses Gefühl vermittelt. Ein Kind, das erwünscht ist, steht schon während der Schwangerschaft, und erst recht nach der

Geburt, im Mittelpunkt. Zunächst dreht sich alles um das Baby. Das spürt das Kind, und genau dieses Gefühl, das hübscheste, entzückendste Baby der ganzen Welt zu sein, braucht es zunächst, um sich entwickeln zu können. Die Erfahrung, daß man nur ein Mensch unter vielen ist und sich in der Welt leider nicht alles um einen dreht, kommt früh genug im Leben eines jeden.
Für viele Menschen ist es nicht leicht, die Kränkung zu verarbeiten, nicht der oder die schönste, klügste, sportlichste, lebendigste, sympathischste von allen zu sein, sondern sich selbst mit der ganzen Durchschnittlichkeit oder Mittelmäßigkeit zu akzeptieren und zu mögen.
In einem gewissen Maß verhalten sich auch Erwachsene egozentrisch, indem sie ihre eigenen Empfindungen, Gefühle und Erfahrungen auf andere übertragen. Im Extremfall schenkt man einer älteren Dame eine Schallplatte mit Rockmusik, die man selbst sehr gerne hört, zum Geburtstag, ohne zu prüfen, ob diese Platte auch ihren Bedürfnissen entspricht.
Eine solch ich-zentrierte Haltung entsteht, wenn die eigenen Bedürfnisse und Wünsche zu stark im Vordergrund stehen. Ein Mensch ist dann nicht imstande, von sich selbst abzusehen und wahrzunehmen, daß andere anders empfinden. So kann es für jemand ein adäquates Verhalten sein, einen anderen zu trösten, indem er ihn in den Arm nimmt. Möglicherweise ist das auch bei vielen Menschen genau das richtige; aber es gibt auch andere, die vielleicht diese Nähe nicht ertragen können, weil man ihnen früher in solchen Situationen anders begegnet ist.
Wenn Erwachsene ihre Wirklichkeitserfahrung mit der des Kindes verwechseln, dann ist das ebenfalls eine Form von Egozentrismus.
Häufig wird egozentrisches Verhalten bei Kindern von den Eltern als böswillig und gegen sie gerichtet verstanden. Manche Eltern begegnen dann dem Egozentrismus mit Gewalt, aus Angst, ihr Kind könnte sich falsch entwickeln und nicht in die menschliche Gemeinschaft hineinwachsen. Aber genau das Gegenteil ist der Fall. Die Kinder, die zu früh soziales Verhalten lernen – was in diesem Alter nur durch Dressur und mit Beugung des Willens

geht –, haben später oft Schwierigkeiten; und zwar dann, wenn der äußere Druck fehlt, sich von innen heraus so zu verhalten, daß die Rechte und Gefühle anderer respektiert werden.

Vermenschlichung von Gegenständen

Beim anthropomorphistischen, animistischen und auch physiognomischen Denken haben wir es nicht so sehr mit einem Denken in der Form zu tun, daß neue Ordnungen der angetroffenen Welt hergestellt werden, sondern wie man Dinge der Außenwelt erlebt.

Der *Anthropomorphismus* ist die Tendenz zur Vermenschlichung bzw. Beseelung der unbelebten Natur und der Gegenstände. Auf Grund des Egozentrismus hat das Kind noch keine Möglichkeiten, zwischen belebt und unbelebt zu unterscheiden. Es geht davon aus, daß alle Dinge dieser Welt mit denselben Eigenschaften ausgestattet sind wie es selbst. Deshalb muß der Teddybär zugedeckt werden, damit er nicht friert, und das Buch, das sich nicht gut umblättern läßt, ist »böse«, weil es sich widersetzt, bockig ist.

Bei Erwachsenen kann man diese Haltung auch gelegentlich beobachten. Wenn man, in Autotechnik unbewandert, zum Wagen geht, um einen wichtigen Termin wahrzunehmen, und er gibt keinen Ton von sich, so liegt es nahe, das Auto zu beschimpfen, eventuell auch wütend auf die Motorhaube zu schlagen – wohlwissend, daß es davon auch nicht anspringen wird. In einem nächsten Schritt kann man die Motorhaube öffnen, und dann ist Erfahrungswissen mit magischem Denken gekoppelt, wenn man hier und da mal draufschlägt, in der stillen Hoffnung, den richtigen Fleck zu treffen, der den Wagen in Gang bringt.

Der erste Schritt zur Überwindung des Anthropomorphismus ist dann getan, wenn das Kind belebte und unbelebte Umwelt unterscheiden kann, mit etwa vier bis fünf Jahren. Es werden nur noch Dinge als belebt eingestuft, die ein Eigenleben vorgeben:

die Wolken, die am Himmel treiben, Bäume, die sich im Wind bewegen, aber nicht mehr die Steine. Das Denkmal des Geige spielenden Mannes im Park wird als solches gesehen, und das Kind hat nicht mehr das Gefühl, daß der arme Geiger Tag und Nacht bei Schnee und Regen da stehen muß, ohne Mantel und Mütze.

In dieser Zeit verlieren auch die Märchenfiguren ihren Wirklichkeitscharakter. Mit etwa vier bis fünf Jahren kann das Kind beim Zuhören voll in die Märchenwelt eintauchen; aber es weiß am Schluß, oder auch wenn die Angst zu groß wird, »es ist ja nur ein Märchen«. Jüngere Kinder, etwa zwischen drei und vier Jahren, sind zunächst in einer Zweifelsphase. Sie fragen dann: »Ist es denn wahr?« »Gibt es die Hexen auch heute noch?« In dieser Zeit treten Zweifel an den magischen Gestalten, den eigenen Geburts- und Zeugungstheorien auf, und dann fallen die Erklärungen auf fruchtbaren Boden.

Die meisten Kinder haben die Fähigkeit, spielerisch zwischen Phantasie und Wirklichkeit zu wechseln. Im Rollenspiel ist dies sehr gut zu beobachten, im »Tun-als-Ob«. Das Kind kann von einer Rolle im Spiel, ähnlich wie von einem Märchen, emotional gepackt und erfaßt werden und hinterher wieder zurückkehren in die Realität.

Manchmal kann man bei Kindern sogar bemerken, daß sie sich nicht ganz sicher sind, ob die Erwachsenen noch wissen, was Realität und was Spiel ist. Ein kleines Mädchen spielte gerne Baby. Sie hieß dann Lola und war noch ganz klein. Dazu sagte die 3jährige oft einleitend: »Aber nicht in echt, nur im Spiel.« Sie konnte sich intensiv dem Spiel hingeben; gelegentlich, wenn es sehr lange andauerte, sagte sie abschließend: »Aber jetzt bin ich doch wieder deine Bettina«, als wollte sie sich vergewissern, daß es die Mutter nicht zwischenzeitlich vergessen hatte; denn Lola bleiben wollte sie auch nicht.

Die Beseelung der Natur

Der Mensch überträgt seit Jahrtausenden sein Erleben, seine eigenen Wünsche auf andere Dinge: Tiere, Pflanzen, Sonne, Mond und Sterne, Flüsse und Berge. Sie erhalten Züge zugewiesen, die aus dem eigenen Erleben stammen oder mit äußeren Beobachtungen und eigenen Gefühlen zusammenfallen.
So schuf der Mensch nach seinem Bild Götter, Dämonen, Feen, Zauberer, Riesen und Zwerge. Ausgestattet mit Eigenschaften, die er hat bzw. gerne haben möchte. Bei uns ist im Laufe der Jahrtausende diese Tendenz der Naturbeseelung zurückgegangen – im Gegensatz zu Naturvölkern oder Völkern, die eine andere Religion haben. Sicherlich ist hierin eine wesentliche Ursache für unseren gestörten Umgang mit der Umwelt zu sehen, die wir nicht behandeln, pflegen und hegen, als wäre sie ein Teil von uns selbst, sondern zugrunde richten und uns selbst damit zerstören.
Am intensivsten können wir die Neigung zur Beseelung der Natur bei kleineren Kindern beobachten. Untersuchungen des Psychologen Piaget vor zwanzig Jahren ergaben, daß die 8- bis 10jährigen Kinder noch stark *animistisch* dachten. Schiffe schwimmen, damit die Menschen in ihnen fahren können. Es regnet, damit Kinder in den Pfützen hüpfen können.
Wahrscheinlich werden heute nur noch wenige Kinder dieses Alters solche Antworten geben. Bedingt durch sachlichere und naturwissenschaftliche Aufklärung, verlassen schon 5- bis 6jährige diese Denkstufe. Aber nach wie vor lieben sie die Begegnung damit in entsprechenden Geschichten.
Insbesondere 3- bis 4jährige Kinder haben besondere Freude an den Geschichten, die dieser Tendenz zur Vermenschlichung, Belebung und Beseelung von toten Gegenständen Rechnung tragen. Durch entsprechende Erzählungen, die ersten Märchen oder märchenhafte Geschichten, kann das Kind hier die Welt kennenlernen und mit einer ganz anderen Qualität erleben. Es geht nicht nur darum, sie funktional zu erfassen, sondern einen gefühlsmäßigen, symbolhaften Zugang zur Welt zu schaffen.

Diese Möglichkeit ist in Bilderbüchern oder Geschichten, die konkrete Lebenssituationen beschreiben – obwohl sie wichtig sind –, nicht gegeben. Allerdings muß der Erwachsene bei selbsterfundenen phantastischen Geschichten auch gewisse Grenzen einhalten, da unsinnige, gehaltlose Phantastereien keine Bereicherung für das Kind sind, sondern falsche Vorstellungen erwecken können. Hier besteht ein großer Unterschied zwischen erzählten und vorgelesenen Geschichten. Bei erzählten Geschichten geht es dem Kind sehr schnell ähnlich wie dem Erwachsenen; es fragt: »Ist das auch wirklich wahr? Gibt es das denn?« Das gedruckte Wort hingegen erzeugt eine sehr viel stärkere Hörigkeit oder Gläubigkeit. Dies ist gut an dem Buch von Traxler »Die Wahrheit über Hänsel und Gretel« zu beobachten.[2] Er beschreibt in dieser Parodie ungeheuer ernsthaft, wie und wo Hänsel und Gretel tatsächlich gelebt haben und wo man im Spessart noch Reste des Hexenhäuschens gefunden hat. Viele Erwachsene waren verwirrt und schenkten dieser Parodie Glauben. Obwohl an vielen Stellen schon recht »dick aufgetragen wird«, geht ein magisches »Hier-steht-es-schwarz-auf-Weiß, also ist es so« vom gedruckten Wort aus.

Im Sinne des animistischen Denkens gestalten sich auch die ätiologischen Märchen. Bei dieser Gattung wird die Entstehung bestimmter Erscheinungen in der Welt erklärt. Beispielsweise *die Scholle (KHM 172),* die erzählt, warum ihr das Maul schief steht.

Ein großer Teil des menschlichen Wissens kann auf die uralten Fragen nach Anfang und Ende zurückgeführt werden, auf den Wunsch, seinem Leben einen Sinn zu geben. Protagoras sagt: »Der Mensch ist das Maß aller Dinge«, alles Wissen des Menschen stammt zunächst aus der Erforschung seines Selbst und der Erklärung der Naturphänomene, indem man ihnen die beobachteten menschlichen Eigenschaften zuschreibt.

Emotionale Besetzungen der Umwelt

Die Deutung und gefühlsmäßige Einordnung der Umwelt erfolgt in den Kategorien, die das Kind an sich selbst erfahren hat: lieb und böse, angenehm und unangenehm. Gekoppelt mit tatsächlichen Erlebnissen, können Dinge und Gegenstände gefühlsmäßig besetzt werden.
Positive emotionale Besetzungen ergeben sich häufig im Zusammenhang mit Bedürfnisbefriedigung. Die Welt kann freundlicher werden, wenn das Kind sich in seinem kleinen Ausschnitt geborgen fühlt, und sie wird unfreundlich und feindlich, wenn Kinder sich verlassen fühlen oder in einer bedrückenden Situation leben. Insofern ist eine positive *physiognomische Prägung* der Umwelt in der frühen Zeit wichtig, weil sie für Lebensfreude und Zuwendung zur Welt bedeutsam ist. Eine negativ getönte vermehrt Angst und abwartendes Verhalten bis hin zum Rückzug.
In der alltäglichen Sprache, aber auch in Dichtung und Literatur, finden wir physiognomische Formulierungen: Bäume rauschen, Blätter wispern, Berge werfen drohende Schatten, Bäche murmeln. Diese »Ichhaftigkeit« der umgebenden Welt bleibt dem Kind lange Zeit erhalten. Auch dann, wenn es schon längst die Verstandeswelt der Erwachsenen betreten hat, lebt es noch immer zum Teil in einer »Räuber-, Gespenster-, Geisterwelt«. In abgeschwächter Form ist das vergleichbar mit einem Erwachsenen, der allein durch einen dunklen Wald geht und in manchem Baum oder Ast eine angstmachende Gestalt sieht.

Zweckgerichtetes Denken

Als *Finalismus* bezeichnet man die Form des Denkens, in der jedes Tun zweckgerichtet ist. Sie entsteht aus dem Erleben des Kindes, daß die Handlungen der Erwachsenen in bezug auf seine Person zumeist einen Zweck verfolgen: »Iß, damit du groß wirst«, »zieh dich an, damit du nicht frierst.« Dieses Erleben überträgt das Kind auf seine Umwelt. So fragte ein 4½jähriger Junge die Oma auf dem Friedhof, als diese die Blumen auf dem Grab goß: »Oma, muß jetzt der Opa das ganze Wasser trinken?«

Der Erwerb des neuen Weltbildes

Hat das Kind lange Zeit die Welt an seine Gegebenheiten angepaßt, und wurde ihm das auch erst einmal gestattet, so beginnt es nun ganz allmählich, seine gesammelten Eindrücke und eigenen Vorstellungen an die reale Außenwelt anzugleichen. Mit vier Jahren verliert sich schon teilweise der Egozentrismus. Die Welt wird hinterfragt, und rationale Erklärungen und Erkenntnisse treten an die Stelle eigener, magischer Denkmodelle, wenn auch eine starke Neigung zum magischen Denken bis zur Pubertät und, abgeschwächt, darüber hinaus bestehen bleibt.
Schon das Grundschulkind hat keine wirkliche Magiegläubigkeit mehr. Die Frage nach Feen, Gespenstern, Geistern und Hexen wird negiert. Dennoch versucht es, mit Hilfe von magischen Deutungen nicht lösbare Probleme anzugehen oder angstbesetzte Situationen zu beeinflussen.
Mit sechs bis sieben Jahren tritt ein großer Wandel der Logik ein, das Denken wird immer realistischer. In dieser Zeit verlieren wir unser Kindheitsbewußtsein. Es ist der Preis für den Erwerb des gesellschaftlich fixierten, formalen, abstrakten Denkens, das uns von konkreten Erfahrungen mit der Welt entfremdet, zugunsten des »Geistes«, des Intellekts.
Hier scheint mir wichtig, darauf hinzuweisen, wie behutsam dieser Wechsel beim Kind anzugehen ist. Ein sehr treffendes Bild dafür bietet die Psychologin Selma Fraiberg, die den Erwachsenen als »Missionar« schildert, der in das Leben des »vergnügten kleinen Wilden« eindringt, um ihm die Kultur und das rechte Denken zu bringen. Er überzeugt ihn vom Vorteil des Töpfchens oder der Toilette gegenüber der Windel, und als neueste Errungenschaft preist er die Tasse an, aus der es sich besser trinkt als

aus der Flasche. Noch komplizierter aber wird es, wenn es um den Vorteil von Körperreinigung und Zähneputzen geht. Solche Dinge kann man dem jüngeren Kind gar nicht verbal erklären. Nur über das Handlungsmuster sind sie zu erwerben, indem der Erwachsene es vor- und das Kind es nachmacht.

»Vor allem muß in den frühen Stadien der ›Bekehrung‹ der Missionar schon zufrieden sein, wenn der primitive Sinn nur die Hälfte der Wahrheit aufnimmt. Nimmt der Primitive die Wahrheit der neuen Religion an, versteckt aber seinen alten Götzen unter dem Bett, darf der Missionar nicht klagen oder drohen – er muß seinen klaren Kopf behalten. Ist er weise, wird er einen Ort bestimmen, an dem die alten Götzen und der alte magische Glauben noch hausen und dabei sogar einem guten Zweck dienen können.«[3]

Die Bekehrung unserer Kinder zum rationalen Denken kann also nicht darin bestehen, daß wir ihnen ihre alte Denkwelt, ihre Märchen und Träume wegnehmen, sondern daß wir mit ihnen einen Ort finden, wo sie alte Wünsche nach Allmacht, Bedürfnisse, stark zu sein, und magische Kräfte ausleben und wiedererleben können. Solche Orte sind Märchen und Spiel. Kinder sollen diese Welt offen, nicht heimlich und versteckt, betreten können. Sonst entsteht eine gefährliche Spaltung.

Für Kinder, die zu früh aus der Märchen-, Traum- und Spielwelt herausgeholt werden und sich unangemessen schnell der Welt der Erwachsenen anpassen, besteht die Gefahr, daß sie ihr nicht auf Dauer standhalten können. Und es sind vielleicht gerade diese Kinder, die dann als Erwachsene der Realität entfliehen: mit Hilfe von Tagträumen, Phantastereien oder, im Extremfall, mit Hilfe von Drogen.

Von der neueren Traumforschung wissen wir, daß Menschen, die unter Schlafentzug und damit auch Traumentzug leben müssen, in der Bewältigung der Realität beeinträchtigt werden können und emotionale Störungen entwickeln. Die Ursache hierfür ist darin zu sehen, daß sie nachts keine Möglichkeit haben, das Tagesgeschehen und auch unbewußte Konflikte durchzuarbeiten. Vielleicht könnte man hierzu die Parallele ziehen, daß

Kinder, denen Märchen, oder überhaupt phantastische Geschichten, entzogen werden, in ihrer Entwicklung beeinträchtigt sind, da ihnen die Hilfe zur unbewußten Aufarbeitung von Konflikten und Problemen genommen wird.
In unserem europäischen Kulturbereich geht jeder Heranwachsende den Weg des abstrakt-logischen Denkens. Die Möglichkeit, unseren Gefühlen in der Umwelt wieder zu begegnen und in Bildern zu denken, wird reduziert auf die Bereiche Traum, Dichtung und Kunst.

3. Die psychische Entwicklung des Kindes

In diesem Kapitel möchte ich Sie mit der kindlichen Entwicklung in den ersten drei Lebensjahren vertraut machen. Das eigentliche Märchenalter beginnt zwar erst mit vier Jahren, die psychische »Grundausstattung« erhalten wir aber bereits in den ersten drei Lebensjahren.

Diese Entwicklung vollzieht sich in einem lebendigen Dreischritt von Symbiose – Trennung – Individuation (vgl. Margaret Mahler).[4] Vom Einssein mit der Mutter zu Beginn des Lebens, macht sich das Kind im Verlauf der ersten drei Jahre auf den Weg zu einer einmaligen Identität; es entwickelt die Fähigkeit, sich als einzigartiges, unverwechselbares Wesen zu fühlen, und zwar so, daß sich ein Kind sagen kann: Es mag zwar viele Menschen geben, die ein bißchen so sind wie ich, oder vielleicht auch sehr viel Ähnlichkeit haben; aber keiner ist ganz genau wie ich, denn »ich bin ich«, wie es sehr schön in dem Bilderbuch von Mira Lobe »Das kleine Ich bin Ich« beschrieben wird.

Der Dreischritt von Symbiose – Trennung – Individuation, den ein Mensch am Anfang seines Lebens erstmals durchläuft, wiederholt sich immer wieder im Leben des Kindes, des Jugendlichen und des Erwachsenen. Die Prozesse sind die gleichen und laufen bei ein und demselben Menschen ständig in ähnlicher Form ab. Sie entwickeln sich so, wie sie zu einem früheren Zeitpunkt mit einer für dieses Kind einzigartigen Mutter unter ganz spezifischen, für dieses Kind einzigartigen, Lebensbedingungen möglich waren.

Suchte jemand als Kind Trost und Zuflucht bei einem Stofftier, so läßt sich das vielleicht auch bei diesem Erwachsenen finden; nicht, daß er noch immer ein Stofftier besitzt, aber dieses Symbol des Geborgenseins kann z. B. die Form eines Maskottchens

annehmen, das auf Reisen als ein Stück Sicherheit diesen Erwachsenen begleitet.
Für alle die, die sich noch an das Kind, das sie einmal gewesen sind, erinnern können, mag diese Beschreibung der ersten drei Jahre eine faszinierende Reise sein, zurück zu Vertrautem. Und den Erwachsenen, die mit dem Eintritt in die Welt des Erwachsenseins ihre kindlichen Impulse, »Dummheiten« und unzulänglichen Verhaltensweisen aufgeben mußten, könnte dieses Kapitel vielleicht zu einer Rückkehr verhelfen, denn ich will versuchen aufzuzeigen, wie sich eine jede Entwicklungsphase beim Menschen nach dem dritten Lebensjahr in ähnlicher Form wiederholen kann. Im nächsten Kapitel wird dieser Dreischritt in den Märchen dargestellt, die einen Entwicklungsweg aufzeigen. Das ist nur bei einem Teil der Fall, in der Regel bei den Zaubermärchen. Etwa 75 der insgesamt 210 *Kinder- und Hausmärchen* der Brüder Grimm sind solche Zaubermärchen, die übrigen sind Legenden, novellenartige Geschichten usw.
Durch die Geburt des Kindes wird das Einssein von Mutter und Kind im biologischen Sinn abrupt beendet. Das psychische Band zwischen beiden muß erst noch geknüpft werden. Zwar hat sich die Mutter während der Schwangerschaft auf ihr Kind bereits gefühlsmäßig eingelassen, und sie hat versucht, sich von diesem Kind ein Bild zu machen. Aber das Phantasiebild des erwünschten Kindes stimmt meist wenig mit dem realen Kind überein. Angefangen vom erwarteten Mädchen, das zu einem Jungen wurde, bis hin zum blonden, blauäugigen Kind, das nun schwarzschöpfig und braunäugig ist. Geschwister drücken diese erste Enttäuschung manchmal aus, wenn sie das Baby sehen und ihr Phantasiebild von dem angekündigten Spielgefährten zusammenbricht. Auch in einigen Märchen finden wir Mütter, die das Kind nach der Geburt ablehnen, weil es nicht ihren Vorstellungen entspricht; sie bemühen sich nicht, ein Band zu diesem einzigartigen Kind herzustellen, z. B. bei *Das Eselein (KHM 144)* und *Hans mein Igel (KHM 108)*.

1. Lebensmonat

Der eigentlichen Symbiose mit der Mutter gehen die Wochen voraus, in denen die schlafähnlichen Zustände des Neugeborenen die Wachzustände überwiegen. Die Reizwahrnehmung ist noch herabgesetzt, das Kind befindet sich in einer Art schall- und lichtgedämpftem Raum. Die Bedürfnisbefriedigung von Hunger, Durst und Wärme schreibt es seinem eigenen Funktionskreis zu, da es die Mutter noch nicht als eigene, bedürfnisbefriedigende Person wahrnehmen kann. Als »Mutter« bezeichne ich im folgenden immer die Person, die die überwiegende »Bemutterung« des Kindes übernimmt, d. h. es kann auch der Vater oder eine andere Person sein.

2. bis 5. Lebensmonat – Symbiose oder Einheit zu zweit

Wenn das Baby, mit etwa vier Wochen, diesen anfänglichen Schutzraum verläßt, beginnt die Phase des Einsseins mit der Mutter. Das Kind weint, weil es ein Rumoren in seinem Darm spürt und erwartet Nahrung; es schreit, weil es sich allein fühlt und in den Arm der Mutter will usw. Die Mutter, die sich auf ihr Kind einläßt, kann mit der Zeit diese Lautsprache verstehen, und das Kind erlebt sich und die Mutter als eine allmächtige Einheit: die Mutter als selbstverständlich immer zur Verfügung stehende Wunscherfüllerin. Hier macht ein Kind erste wesentliche Erfahrungen mit der Mutter und der Welt, beispielsweise, ob es in eine Umwelt hineingeboren wurde, in der seine Bedürfnisse im wesentlichen verstanden und erfüllt werden, oder ob die Umwelt versagend ist. Versagen kann hier auch heißen, daß eine Mutter auf Weinen mit dem Angebot von Nahrung reagiert, während das Unbehagen eher aus dem Bedürfnis des Kindes nach Ruhe und Schlaf resultiert. Dieses Verstehen des Kindes und seiner noch so unklar geäußerten Bedürfnisse bezeichnet man als das angemessene »Halten«. Das kann auch das Hinlegen sein, wenn ein Baby

satt ist und ausreichend körperlichen Kontakt mit der Mutter hatte.
Diese Urerfahrung eines Menschen, wie er von seiner Mutter gehalten wurde, spiegelt sich bei älteren Kindern und Erwachsenen häufig in der Art sich in der Welt zu bewegen wider. Die Sehnsucht nach einer alles gewährenden und gebenden Mutter kann auch in einer Partnerschaft wieder lebendig werden. Beispielsweise in dem Wunsch, das »ein und alles« des Partners zu sein, was sich dann in Eifersucht auf dessen Arbeit, seine Hobbys usw. ausdrücken kann. Es äußert sich auch in dem Wunsch, ganz vom anderen versorgt zu werden, sei es nun finanziell oder in bezug auf Essen und Trinken. Viele Partnerschaften scheitern an der nicht erfüllten Sehnsucht, vom anderen gehalten zu werden, wie dies als Kind der Fall war, oder aus Sehnsucht nach Ausgleich, da dies früher versagt blieb. Die Aufgabe eines jeden Menschen, der erwachsen wird, ist aber die, in eine autonome Form des Lebens zu kommen; das bedeutet, dieses Stadium des Einsseins als Dauerzustand zu verlassen. Zwar kann jeder Erwachsene das Verschmelzen mit einem anderen punktuell in bestimmten Situationen erleben, aber nicht wie in der frühen Kindheit.
Diese Thematik ist den Menschen seit Tausenden von Jahren wichtig. Es drückt sich darin aus, daß viele Mythen und Märchen die Sehnsucht nach der »Großen Mutter« oder dem »paradiesischen Zustand« zum Thema haben, wie das Märchen vom *süßen Brei (KHM 103),* wo das Kind nur ein Wort zu sagen braucht, und das Töpfchen kocht ihm süßen Brei, sooft und soviel es will (vgl. auch S. 59, 84 und 172ff.).
In den ersten zwei bis drei Lebensmonaten schmiegt sich das Kind ganz an den Körper der Mutter an, doch die zweite Geburt, die »psychische Geburt« des Menschen, kann nicht stattfinden, wenn es hierbei bleibt. So finden sich die ersten Vorläufer der Loslösung in der Körperhaltung des Babys und in seinem wacheren Blick.

5. bis 10. Lebensmonat – erstes Gefühl des Getrenntseins

Mit fünf Monaten erreicht die Symbiose zwischen Mutter und Kind ihren Höhepunkt, und genau hier beginnt der Prozeß der Loslösung aus der Einheit zu zweit in die individuelle Existenz. Das Schoßkind fängt an wegzustreben. Zunächst beginnt es damit, Dinge vom Schoß aus zu er- und begreifen; beispielsweise wird das Gesicht der Mutter eingehend untersucht, auch Teller, Gabeln, alles, was erreichbar ist. Nicht lange, so stemmt es sich weg vom haltenden Körper der Mutter, hin zu den Dingen seiner Umwelt. Es zieht zunächst auf allen vieren krabbelnd auf Abenteuer aus, und da existiert vieles, vor allem in einer Wohnung, die noch nicht auf Babys neue Interessen zugeschnitten ist. Es gibt Behälter mit Bäumen, die in weichem, schwarzem Brei stecken, den man herausholen, geschmacklich testen und in den Händen reibend fallenlassen kann. Solche Behälter eignen sich auch ausgezeichnet, sich aus der beengten Weltsicht des Krabbelkindes in eine aufrechte Position zu ziehen, die ein völlig neues Sichtfeld erschließt. In der Regel nehmen solche Abenteuer allerdings ein jähes Ende, durch zwei große Hände, die den Wohnungseroberer und Entdecker, hinweg über Stühle und Bänke, in eine völlig andere Gegend versetzen, oder gar in ein Ställchen sperren. Wenn nicht, wird der Entdecker seine Untersuchungen fortsetzen, mit gelegentlichen versichernden Blicken, daß die Heimatbasis Mutter, von der aus er sein Abenteuer gestartet hat, auch noch da ist. Denn von Zeit zu Zeit muß der mutigste Entdecker dort eine kleine Rast auf dem Schoß einlegen, um neue Energien, sei es durch Ausruhen oder durch Nahrung, aufzutanken, damit er gut gerüstet die nächste Tour antreten kann.

Mit diesen neuen Möglichkeiten des Krabbelkindes, die Welt zu erkunden, entsteht aber auch eine erste Form des Getrenntseins von der Mutter. Die Loslösung ist auf der einen Seite lustvoll, andererseits kann das Kind die Trennung schmerzlich erleben, da es die vorherige Nähe teilweise aufgibt, die Mutter sich oft

erleichtert ihren Alltagsaufgaben zuwendet und nicht immer teilnehmender Beobachter bleibt.
Jedes Kind verhält sich in dieser Phase anders. Es gibt Babys, die übermäßig wagemutig und ausgreifend von der Mutter wegkrabbeln und sich nur wenig ihrer Anwesenheit versichern und solche, die immer ganz dicht an Mutters Beinen bleiben. Hier drückt sich schon ein Stück psychischer Struktur aus, entstanden in einer spezifischen Mutter-Kind-Beziehung. Ähnliches können wir ja auch bei Erwachsenen beobachten. Es gibt solche, die ausgesprochen gern reisen, den Heimatstützpunkt zumindest für eine überschaubare Zeit aufgeben, um Neues zu sehen und zu erleben, aber mit der Perspektive, wieder nach Hause in die gewohnte, vertraute Umgebung zurückzukehren. Es gibt andererseits Menschen, die sich am wohlsten zu Hause im eigenen Bett fühlen. Auch hier verhalten sich die Helden der Märchen unterschiedlich. Manche ziehen aus, ihr Glück zu suchen, und viele fühlen sich am wohlsten zu Hause; erst eine Notsituation erfordert es, daß sie sich auf den Weg machen.

8. Lebensmonat – Fremdenangst

Diese Errungenschaft des Kindes, die Heimatbasis zu verlassen, hat, wie jeder neue Entwicklungsschritt, seinen Preis. Zwar gelingt es dem Kind, seine nächste Umwelt differenzierter wahrzunehmen, gleichzeitig stellt sich aber auch, mit ungefähr acht Monaten, die Fremdenangst ein. Die neue Differenzierungsfähigkeit führt dazu, daß es zwischen verschiedenen Menschen sehr wohl unterscheiden kann: Von Mamas Arm aus sind alle Fremden interessant, und es lohnt sich, ihr Gesicht mit dem der Mutter zu vergleichen. Auf dem Boden kriechend, vom sicheren Schoß der Mutter entfernt, wirkt ein Fremder bedrohlicher. Diese Fremdenangst ist ein durchaus positives Zeichen, das anzeigt, daß das Kind eine spezifische Bindung an die Mutter und im

Normalfall auch an den Vater, die Oma usw. entwickelt hat und daß es diese unterscheiden kann.
Der gesunde Mensch hält ein Gleichgewicht zwischen Vertrautem und Heimatlichem auf der einen und Neugierde und Entdekkerlust auf der anderen Seite. Die Mitte liegt irgendwo zwischen »Stubenhocker« und »Weltmeerfahrer«, und hier bleibt ein breites Spektrum, auf dem sich jeder nach seinen Möglichkeiten bewegen kann.
Märchenhelden sind in den wenigsten Fällen Stuben- oder Nesthocker, abgesehen von einigen wenigen Märchen, wo sie mit elterlichem Druck ins Leben geführt werden müssen wie in *Hänsel und Gretel (KHM 15)*. Meistens ziehen die Märchenhelden aus, ihren Weg und ihren Platz in der Welt zu finden, und wem das gelingt, dem winkt ein eigenes Reich, er wird sogar König, da er die höchste Form der Selbstbestimmung nach entsprechenden Anstrengungen erreicht hat.

10. bis 18. Lebensmonat – verliebt in sich und die Welt

Mit etwa zehn Monaten ist das Kind von der Möglichkeit zu stehen geradezu besessen. Überall zieht es sich hoch und steht, etwas wackelig zwar, aber fröhliche Töne von sich gebend.
Den größten Schritt in der menschlichen Individuation macht das Kind, wenn es beginnt, ohne Hilfe zu laufen. Durch den aufrechten Gang erfährt das kindliche Gesichtsfeld eine Veränderung, und das Kind erwirbt eine neue Fähigkeit und einen neuen Drang, sich mit der Welt vertraut zu machen, allerdings noch immer mit der Mutter als Heimatbasis im Hintergrund. Das Kind in diesem Alter befindet sich meist in einer gehobenen, euphorischen Stimmung. Müdigkeit kennt es kaum. Auch wenn es kurz vor dem Zusammenbruch zu stehen scheint, eines weiß es genau, ins Bett will es nicht. Es wehrt sich mit Händen und Füßen gegen die Trennung von der Welt, der Unterbrechung seines Tatendranges, die der Schlaf bedeutet. Voll Wut schreiend versucht es, gegen

den Feind Schlaf und die Eltern, die es im Bett von den geliebten Dingen entfernen, anzukämpfen.
Das Kind befindet sich in einem Liebesverhältnis mit sich und der Umwelt. In eine vergleichbare Stimmung zu geraten, ist für einen Erwachsenen gar nicht mehr so einfach; es ist z. B. das Gefühl von frisch Verliebten oder auch, wenn man ein schwieriges Problem gelöst hat. Manchmal erleben ein solches Gefühl auch Menschen, die sich aus einer sehr symbiotischen, einengenden Beziehung, sei es zu einem Lebenspartner oder einem Arbeitskollegen, gelöst haben. Nach der Lösung aus dieser Verklammerung kann ein unendliches Freiheitsgefühl, ähnlich dem Hochgefühl des Kindes, entstehen.
Zu erklären ist diese euphorische Stimmung des Kindes damit, daß es einerseits auf einmal über ein großes Repertoire an motorischen und wahrnehmungsmäßigen Fähigkeiten verfügt. Andererseits scheint es auch wie eine übermütige Flucht von der Verschlingung der Mutter. Es ist ja auch das Alter, in dem sich die Kinder dagegen wehren, gedrückt und geküßt zu werden, wenn es nicht ihrem eigenen Bedürfnis entspricht. Gerade in dieser Zeit empfinden auch Mütter, daß etwas von der engen Beziehung mit dem Kind verlorengeht. Also ist dies erst recht ein Grund, das Kind noch einmal schnell auf den Schoß zu ziehen oder, sein Können bewundernd, es voller Stolz zu herzen und zu küssen, was dem Kind eher lästig erscheint, wo es doch gerade mit dem Leeren des Papierkorbs beschäftigt ist. Die Furcht vor der Wiederverschlingung durch die Mutter, zurück zum Schoßkind, scheint einen ungeheuren Aktivitätsschub auszulösen. Das Kind wendet sich also ganz der Erforschung der Welt zu und beginnt, auch andere Menschen mehr zu beachten, während es die Mutter eher weniger beachtet, wenngleich das Kind sie noch braucht.
Sicherlich kennen viele Mütter dieses Gefühl, nicht mehr und nicht weniger als Leibwächter einer höchst wichtigen Persönlichkeit im Alter von zehn bis achtzehn Monaten zu sein. Das Kind läuft, berauscht von seinen Möglichkeiten, über die Wiese. Jetzt allerdings ohne den vergewissernden Blick nach hinten, und die Mutter trottet hinterdrein, mit frischer Windel, Nuckelflasche,

Keksen und all dem in der Tasche, was so ein Welteroberer braucht, wenn er einmal ein Päuschen einlegt.
Die Art und Weise, wie die Mutter vom Kind als bloßes Anhängsel behandelt wird, entspricht der Haltung von erobernden Helden. Wer weiß schon etwas von den Mühen und Lasten der Träger und Begleiter von Himalajabezwingern. Derjenige, der die Spitze erreicht, ist der gefeierte Held; von den Anstrengungen derer, die das möglich machen, nimmt keiner, am wenigsten der Held, Notiz. Dies ist die Position einer Mutter, deren Kind im Hochgefühl seiner Macht die Welt erobert, und ihre stille Begleitung ist dabei dringend erforderlich, denn ohne diese kann das Hochgefühl noch gelegentlich zusammenbrechen. Beispielsweise, wenn das Kind bei seinen oft wagemutigen Aktionen zu Fall kommt; obwohl es wirklich erstaunlich ist, wie relativ unempfindlich Kinder dieser Phase gegen Knüffe und Püffe sind. Hätte es einige Monate zuvor noch laut schreiend die Mutter herbeigewünscht, so ist das Kind nun oft rasch auf den Beinen, das Liebesverhältnis mit der Welt macht es unempfindlicher. Die Mutter, bescheiden im Hintergrund stehend, ist aber nach wie vor von größter Wichtigkeit für die Entwicklung des Kindes.
Im Märchen gibt es ähnliches: eine alte Frau, ein alter Mann, die dem Märchenhelden ihr Wissen oder bestimmte Gegenstände zur Verfügung stellen, damit diese entsprechende Leistungen oder Entwicklungsschritte vollbringen. Sie stehen im Hintergrund und nehmen manchmal dem Helden ein Versprechen ab; ihre Hilfe hat einen bestimmten Preis.
Bei den Kindern können wir individuelle Unterschiede in dieser Entwicklungsphase beobachten. Nicht alle entwickeln ein solches Hochgefühl. Dies hängt einerseits mit den früheren Erfahrungen zusammen: Das Kind, das in der Symbiosezeit das Gefühl hatte, gehalten zu werden, kann dies auf die Welt übertragen und sich zuversichtlich in sie hineinfallen lassen. Zum anderen hat es damit zu tun, wie sich die Mutter in dieser Phase verhält. Mischt sie sich unablässig in seine Eroberungen ein, sei es mit verbalen Ermahnungen oder realem Eingreifen (Hände und Mund abwischen usw.), kann es sich genausowenig der Welt hingeben, als

wenn die Mutter es sich völlig selbst überließe. Manche Kinder sind nicht imstande, die Welt zu erobern, da sie, obwohl des Laufens mächtig, sich gefühlsmäßig noch nicht von der Mutter trennen können. Sie brauchen Ermutigung, beispielsweise durch unterstützende mütterliche Blicke. Interessanterweise leben Jungen gerade motorisch diese Liebesaffäre mit der Welt sehr viel expansiver aus, als dies Mädchen tun. Vielleicht, weil sie dazu stärker ermutigt werden.

18. bis 24. Lebensmonat – die Trennung wird bewußt

In dieser Zeit wird dem Kind schmerzlich bewußt, daß es nicht allmächtig ist. Bei seinen Eroberungszügen stößt es immer wieder an reale Grenzen. So manches Mal kommt es alleine nicht weiter – und diese Tatsache kann es nicht länger ignorieren. Gleichzeitig treten auch Veränderungen bei der Mutter auf. Durch die relative Nichtbeachtung seitens des Kindes, hat diese sich wieder vermehrt ihren eigenen Interessen zugewendet. Auch das bleibt dem Kind nicht verborgen, es stellt auf einmal fest, daß das Dasein der Mutter unabhängig von seiner Existenz ist. Der Welteroberer erkennt, daß die Mutter nicht unbedingt hinter ihm herlaufen muß, sondern sich auch mit anderen Dingen beschäftigt. Dies war ihm vorher von seiner Einsichts- und Erkenntnismöglichkeit noch nicht so deutlich. Was aber macht ein Bergsteiger, nahezu auf dem Gipfel, der an Hand von Beobachtungen und Dingen, die er hört, befürchten muß, daß sein Lastenträger ihm den Dienst aufkündigen will? Er wird sich bemühen, diesen für sich zu gewinnen. Ähnliches unternimmt das Kind in dieser Phase. Es versucht, die Aufmerksamkeit der Mutter wieder verstärkt auf sich zu ziehen, folgt ihr auf Schritt und Tritt, beschattet sie, damit sie sich nicht heimlich davonmacht. Diese Beobachtungsaufgabe schränkt es natürlich stark in seinem Eroberungsdrang ein. Deshalb ist das Kind hin- und hergerissen von dem Wunsch nach Wiedervereinigung mit dem Menschen,

der ihm auf der einen Seite lange Zeit am liebsten und nächsten war; andererseits möchte es die neuerworbene Autonomie nicht aufgeben.
In diesem Konflikt kommt es zu dem, was wir als Trotz bezeichnen. Das Kind klammert sich an die Mutter an und stößt sie gleichzeitig weg, es beschattet sie und läuft selbst davon. Ähnlich den Wehen der ersten Geburt, liegt hier das Kind in den Wehen der zweiten, der psychischen Geburt. Es kommt zu gegensätzlichen Kontraktionen: sich annähern – sich abwenden.
Ein Beispiel hierfür: Die vom Einkaufen zurückkehrende Mutter breitet die Arme aus, damit das Kind hineinlaufen kann, was es in der Phase zuvor mit Begeisterung tat. Das Kind läuft auch strahlend auf die Mutter zu, und kurz vor ihren Armen dreht es um und läuft in eine andere Richtung. Beim Weglaufen hat es durchaus die Erwartung, gejagt und in die Arme genommen zu werden. Ein lustvolles Spiel, da die Angst vor der Verschlingung durch die »Kinderfängerin« Mutter genauso groß ist wie die Lust, von ihr wieder gefangen und gehalten zu werden. Für Mütter ist es so gut wie unmöglich, Kinder in dieser Phase zufriedenzustellen. Im Gegenteil, die widersprüchlichen Tendenzen des Kindes können selbst die ruhigste Mutter zur Raserei bringen. Ähnliches wiederholt sich in späteren Phasen des Lebens, zum Beispiel in der Pubertät, wo es auch wieder um Ablösung von den Eltern geht. Viele Märchen erzählen von diesem sogenannten »Trotzalter«, der Zeit, in der die Mutter ihr eindeutig gutes Gesicht verliert und uns in der Gestalt der Stiefmutter, als die böse gewordene Mutter, wiederbegegnet; beispielsweise in *Hänsel und Gretel (KHM 15)* oder in der *Wassernixe (KHM 79)* führt das zum engen Zusammenschluß, zur Notgemeinschaft der Geschwister, wie dies auch in Familien zu beobachten ist. Schimpft die Mutter mit beiden, so schließen sich die Geschwister, die sich eben noch gezankt haben, gegen die Mutter zusammen.
Mädchen und Jungen reagieren in dieser Entwicklungsphase unterschiedlich. Mädchen sind meist stärker hin- und hergerissen zwischen Anklammern und Losreißen von der Mutter, während Jungen oft entschlossener vor der Männerfängerin Mutter zu

entfliehen suchen. Dies hängt unter anderem mit der länger andauernden motorischen Betätigung der Jungen zusammen. Diese geschlechtsspezifische Dynamik kann sich im Erwachsenenleben widerspiegeln. Beispielsweise, wenn Männer immer wieder ihrer Partnerin beweisen müssen, daß sie sich nicht festhalten, »fangen« lassen, während bei Frauen häufig der Wunsch und die Sehnsucht nach zärtlicher Verschmelzung stärker ist. Dies spiegelt sich meiner Meinung nach auch in den Märchen, wo mehr Frauen sich auf die Suche nach dem Mann machen, um sich mit ihm in der königlichen Hochzeit zu vereinigen. Bei männlichen Märchenhelden hingegen ist es eher so, daß sie, gerade nach der ersten engen Begegnung mit einer Frau und der Vereinigung, diese vergessen und die Frau einige Anstrengung unternehmen muß, den Mann an die ursprüngliche Bindung zu erinnern. Oft ist er in die »Fänge« einer anderen Frau geraten und hat darüber die eigentliche Braut vergessen. Letztere erwirbt dann durch kostbare Geschenke (Kleider aus Gold und Silber oder Gerätschaften) von der Rivalin das Recht, in der Kammer des treulosen Bräutigams zu nächtigen. Dieser ist aber durch einen Schlaftrunk so benommen, daß er sie erst beim dritten Mal erkennt.

Der aktive Beistand des Vaters ist bei den letzten Ablösungskämpfen des Kindes von der Mutter außerordentlich wichtig, da beide in den letzten schmerzhaften Wehen dieser psychischen Geburt liegen.

Hier spielt eine sehr große Rolle, welche Erfahrungen der Vater mit seiner Mutter gemacht hat und wie weit er diese auf seine Frau überträgt. Hatte er selbst eine strenge Mutter, die keine zwiespältigen Gefühle bei ihrem Sohn duldete, so kann er leicht in seiner Frau die Hexe und Kinderfresserin seiner eigenen Kindheit sehen. Zumal doch, für jedermann offensichtlich, sich der Junge bei ihm ganz normal verhält und nur bei der Mutter verrückt spielt. In einem solchen Fall kann der Vater den Sohn, bewußt oder unbewußt, stellvertretend gegen die Frau und Mutter aufhetzen. Das erschwert eine adäquate Loslösung, weil er dann nur noch fliehen und nicht beide Seiten der Mutter verinnerlichen kann: ihre guten und ihre schlechten. Genau dies ist jedoch für eine gelingende Trennung notwendig, beim Kind wie beim Erwachsenen. Viele Erwachsene trennen sich von ihrem Lebenspartner, indem sie ihn und alles, was sie mit ihm erlebt haben, schlechtmachen, weil es dann natürlich sehr viel leichter ist, sich von einem so fürchterlichen Menschen und Leben zu trennen. Es liegt auf der Hand, daß hierbei eine Seite ausgelassen wird: die des gemeinsamen Lebens, die gut war; z. B. die erste Zeit der Faszination und des Angezogenseins von diesem Menschen. Zu einer Trennung, die gelingen, d. h. einen Menschen in die Autonomie führen soll, gehört aber beides: das Gute und das Schlechte der vorherigen Phase zuzulassen. Der Vater, der seinem Sohn oder seiner Tochter nur positiv Väterliches als Gegengewicht zu der »bösen« und »strengen« Mutter anbietet, kann kein einfühlender Geburtshelfer für die Kinder sein. Denn die gelingende psychische Geburt führt dazu, daß die Angst vor dem tatsächlichen Verlust der Mutter ersetzt wird durch Angst, die Liebe der Mutter und auch des Vaters zu verlieren. Das bedeutet, das Kind hat die geliebten Menschen mit ihren guten und ihren weniger guten Seiten verinnerlicht. Hier beginnt die Gewissensbildung, da hiermit auch die Gebote und Verbote verinnerlicht werden.

24. bis 36. Lebensmonat – die Individualität

Dieses dritte Lebensjahr läuft nicht mehr so spezifisch nach bestimmten Grundmustern ab, sondern sehr individuell, denn die Fähigkeit der Kinder in diesem Alter, mit dem körperlichen Getrenntsein von der Mutter und dem psychischen Ich-Sein umzugehen, ist sehr unterschiedlich. Die jeweilig einzigartige Individualität hängt eben damit zusammen, welchen Verlauf die Mutter-Kind-Beziehung genommen hat.

Normalerweise sollte das Kind so viel Ich-Struktur erreicht haben, daß es die gewonnene Autonomie verfestigen kann. Diese innere Struktur drückt sich in einem differenzierteren Verhalten aus. Während bislang auf Angebote der Mutter ein starres Nein kam, kann das Kind jetzt eher abwägen und auch mal ja sagen, wo es vorher das Nein zur Abgrenzung brauchte. Dies gelingt deshalb besser, weil das Kind auch seine sprachlichen Fähigkeiten erweitert hat. Es kann in Verhandlungen mit der Mutter treten, wenn ..., dann ... und ist ihr auch nicht mehr so wehrlos ausgeliefert, da es Bedürfnisse aussprechen kann. Das Wort »ich« ist seit etwa dem 21. Lebensmonat dem Kind zu eigen, es spricht von sich nicht mehr in der dritten Person. Es unterscheidet ich und du, dein und mein. Zu dieser inneren Struktur gehört auch, daß das Kind anders mit Phantasie und Realitätsprüfung umgehen kann. Es kommt in die Phase des Rollenspiels, was mittels sprachlicher Kompetenz und Phantasie jetzt verstärkt möglich wird. Die gewonnene Struktur drückt sich auch in der Selbständigkeit aus: »allein, allein«, und darin, daß das Kind durchaus in der Lage ist, die Befriedigung von Bedürfnissen aufzuschieben.

Das Kind von drei Jahren hat die reale Mutter durch ein festes inneres Bild von ihr ersetzt, und es hat damit die Fähigkeit, allein zu sein; es ist jetzt in der Lage, sich von der Mutter für eine bestimmte Zeit zu trennen, z.B. indem es den Kindergarten besucht und dort im Kontakt mit anderen leben und sich erleben kann. Das Kind hat somit seine in mancher Beziehung lebenslang gleichbleibende Individualität und Objektkonstanz errungen.

Übergangsphänomene – Übergangsobjekte

In der Zeit des Übergangs vom »Verschmolzensein«, Einssein mit der Mutter, zur Trennung von ihr, begegnen uns bei den Kindern sogenannte Übergangsphänomene und Übergangsobjekte. Die Begriffe stammen von dem englischen Kinderarzt R. D. Winnicott.[5]

Das Übergangsphänomen tritt, zeitlich gesehen, zuerst auf und zeigt sich bei Babys ab etwa drei Monaten in folgenden Verhaltensweisen: während das Kind den Daumen im Mund hat, streichelt es mit einigen anderen Fingern die Wange oder die Oberlippe. Der Finger wird zum Lutschen mit dem Zipfel der Bettdecke in den Mund gesteckt, oder es saugt an anderen Stoffen (Windel, Taschentücher).

Auch Lallmonologe oder Selbstgespräche, Lieder, bestimmte Einschlafrituale im späteren Alter gehören in den Bereich der Übergangsphänomene. Sie können gerade vor dem Schlafengehen lebenswichtige Bedeutung zur Abwehr von Ängsten erlangen.

Das Übergangsobjekt ist ein realer, vom Kind gewählter Gegenstand, den es als Ersatz benutzt, um die Abwesenheit der Mutter zu ertragen. Es tritt an die Stelle der in der Still- oder Flaschenfütterungssituation erfahrenen mütterlichen Einheit und Geborgenheit. Manchmal ist es ein Gegenstand, der direkter Bestandteil der Geborgenheit spendenden Situation war wie die Stoffwindel, die die Mutter bei der Fütterung unter das Kinn legte. Babygeruch, Muttergeruch, das wohlige Saugen, alles ist untrennbar mit dem Übergangsobjekt verbunden.

Das Übergangsobjekt, das sich das Kind selbst schafft, kann auch ein Stofftier, eine Puppe oder ein Kissen sein. In der Regel ist allen Übergangsobjekten gemein, daß sie weich sind und daß das Kind zunächst darauf angewiesen ist. Blieb das Übergangsobjekt tagsüber unbeachtet, so muß es spätestens nach einem Sturz oder kurz vor dem Einschlafen gesucht werden. Wehe den Eltern, die es bei Antritt der Reise nicht in ihrem Gepäck haben; denn der geliebte Bär kann nicht durch einen gekauften, auch wenn es das gleiche Modell ist, ersetzt werden, da er nicht genauso riecht. Ein ebenso großes Unglück ist es, wenn die Mutter die für ihr Empfinden dreckige Windel wäscht. Das Kind akzeptiert zunächst die Windel nicht, schreit und weint, weil die Qualität nun eine andere ist.

Das Übergangsobjekt wird von den Kindern bei Trennungen besonders stark benötigt, z. B. beim Einschlafen, wenn es sich von den Ereignissen des Tages lösen muß. Hier ist ihm das

Übergangsobjekt Brücke vom Wachsein zum Schlaf. Auch bei Eintritt in den Kindergarten bringen viele Kinder den geliebten Teddy, ein Tuch oder etwas anderes mit.
So ein Übergangsobjekt muß einiges aushalten; es wird geliebt, gekost, gehauen, es richtet sich ganz nach den kindlichen Vorstellungen. Es ist der erste Besitz des Kindes, und die Eltern dürfen an ihm nichts verändern, weil das die Kontinuität der kindlichen Erfahrung bedroht.
Es gibt allerdings Kinder, für die ist und bleibt die Mutter das Übergangsobjekt. Dies ist häufig bei langen Stillzeiten der Fall. Für die Mutter heißt das, daß sich Trennungen vom Kind beim Einschlafen und im Alltag sehr viel schwieriger gestalten, weil das Kind die Mutter stärker braucht und sich schwerer löst.
Mit dem Auftauchen des Übergangsobjektes entsteht ein Raum der Illusion neben der Wirklichkeit. Hier finden wir die Anfänge von Spiel, Kreativität und Phantasie.
Mit zunehmender Autonomie verliert das Kind das Interesse am Übergangsobjekt, es verschwindet in der »Rumpelkammer«.
Im Märchen finden wir auch Mütter, die ihren Kindern Übergangsobjekte geben. In der *Gänsemagd (KHM 89)* erhält die Tochter ein weißes Läppchen, in das die Mutter drei Tropfen ihres Blutes fallen läßt, und *Allerleirauh (KHM 65)* nimmt sich von ihrem Vater drei Dinge mit, bevor sie entflieht.
Auch Märchen können zum Übergangsobjekt werden: Wenn für das Kind die Erzählsituation eine geborgene war, so stehen Märchen später für dieses wohlige Gefühl.

4. Welche Märchen eignen sich für welches psychische Problem?

Tagtäglich erleben wir Dinge, die uns gefühlsmäßig bewegen, ohne daß wir sie benennen oder begründen können. Sei es der »linke Fuß«, mit dem wir zuerst aufgestanden sind, die überraschend gute Laune, mit der wir erwachen oder das diffuse Gefühl, irgend etwas zu wollen, ohne zu wissen was.
Kinder sind diesen diffusen Gefühlen genauso, wenn nicht noch intensiver ausgesetzt und versuchen, sie dann bei den Erwachsenen loszuwerden, durch Quengeln, Weinen oder Wutanfälle. In ihren Erwartungen ist der Erwachsene allmächtig und kann diese psychischen Konflikte vertreiben oder wegzaubern.
Erwachsene können zwar mit ähnlichen Erwartungen an ihre Partner herantreten. Darüber hinaus steht ihnen aber eine Fülle von anderen Verarbeitungs- und auch Verdrängungsmechanismen zur Verfügung, mit solchen Alltags- und Entwicklungskrisen umzugehen. Der Möglichkeiten gibt es viele: Zerstreuung mit Hilfe von Fernsehen, Kino, Essen, Alkohol oder bei ziellosem Durch-die-Gegend-Laufen oder -Fahren. In Gesprächen mit anderen oder in der Selbstreflexion bieten sich Möglichkeiten zur Entlastung.
Das Kind ist solchen Krisen sehr viel stärker ausgeliefert und hat noch kaum Erfahrung mit dem »Auf« und »Ab« des psychischen Lebens. Es kann nicht mit Zuversicht auf andere, bereits bewältigte, Krisen zurückblicken. Deshalb fehlt ihm die Gewißheit, daß es aus der Talsohle, in der es sich beziehungsmäßig mit der Mutter derzeit befindet, wieder herauskommen wird, da erfahrungsgemäß auf jedes Tal, nach entsprechender Anstrengung, ein Gipfel folgt.
Die fehlende Erfahrung in diesem Bereich können wir dem Kind partiell ersetzen, beispielsweise in Form von selbsterfundenen Geschichten, Bilderbüchern oder Märchen.

Insbesondere 3- bis 4jährige Kinder, die sich immer differenzierter der Sprache bedienen können, entwickeln ein starkes Interesse an der Vergangenheit. Die neue Fähigkeit des Kindes, Zurückliegendes in der inneren Vorstellung wiederzubeleben und sich damit erneut auseinanderzusetzen, ist Anlaß, ihm Geschichten aus vergangenen Tagen zu erzählen; beginnend mit Geschichten und Erzählungen aus der Vergangenheit des Kindes, als es noch ein Baby war, bis hin zu Geschichten, als Mama und Papa noch Kinder waren. Die meisten Kinder haben es gerne, wenn die Erwachsenen von früher erzählen. Da es ihrem Bedürfnis entspricht, Dinge, die sie an sich selbst erleben, bei anderen wiederzufinden, um die Kontinuität des Lebens zu entdecken. Im Erzählen aus dem eigenen Leben, aber auch im »Es war einmal ...« der Märchen liegt die Vermittlung von gelungenen und gescheiterten Versuchen, das Leben zu gestalten. Neben den selbsterfundenen, auf das jeweilige Kind zugeschnittenen Geschichten, bieten sich besonders Märchen an.

Die Mehrzahl der Probleme und Konflikte entsteht auf dem Weg zur Identitätsfindung, dem »eigenen Reich«, das es zu gewinnen gilt.

Wählt man ein Märchen als Repräsentant für menschliches Leben, so gleicht das Leben allerdings eher einem unvollendeten Märchen. Unser Leben kann zwar immer wieder eine »partielle Glückseligkeit« erreichen, aber das immerwährende Paradies bleibt uns verwehrt.

Viele Menschen gehen zunächst davon aus, daß nach Meisterung einer bestimmten Lebensetappe endlich das Ziel erreicht, alles gut und beendet ist und man mal »Ruhe« hat. Der 16jährige denkt, wenn ich nur erst achtzehn bin, dann ...! Der 18jährige, wenn ich nur erst auf eigenen Füßen stehe, dann ... Oder später: wenn ich erst eine Frau oder einen Mann gefunden habe, dann ist alles gut. Der nächste Urlaub, der Ruhestand können solche Teilziele sein. Aber die Entwicklung schreitet fort und ist nie abgeschlossen. In diesem Sinn wird ein Mensch nie »fertig«, weil das Leben, wenn es lebendig sein soll, die Menschen vor immer neue Situationen und Anforderungen stellt. Es sei denn,

man verschließt sich diesen, kapselt sich ab und lebt seinen Trott, allein oder zu zweit, aber dann ist man lebendig begraben. Auch dafür bieten sich im Märchen entsprechende Bilder.
Ein erreichbares Lebensziel für jeden Menschen ist es, erwachsen zu werden. Dies ist kein Prozeß, der sich nur in körperlicher Reife oder durch die Summierung von gelebten Jahren ausdrückt. Es ist ein psychischer Prozeß, der sich darin zeigt, daß ein Mensch nach gelungener Symbiose und Loslösung seine Autonomie erlangt, die in die Individuation mündet. Dies ist nicht nur Thema der ersten Beziehung zwischen Mutter und Kind, sondern ein lebenslanger Prozeß. In jeder Beziehung, die wir eingehen, liegt schon die Notwendigkeit, zwar eine gute Symbiose zu leben, aber auch die folgende spätere Trennung und Selbstwerdung, die für die Differenzierung der Persönlichkeit notwendig ist, gedanklich miteinzubeziehen. Im folgenden will ich auf diese verschiedenen Lebensetappen und wie sie sich im Märchen darstellen, eingehen.

Von der Zeit, »als das Wünschen noch geholfen hat« – Märchen zur Mutter-Kind-Symbiose

Man könnte auch sagen, »von der Zeit, als das Schreien noch geholfen hat« und die Mutter als »Wunscherfüllerin« herbeieilte und nichts wichtiger war als die Bedürfnisse des Kindes: eine Zeit der Geborgenheit, die jeder Mensch für eine gesunde Entwicklung braucht. Es ist die Zeit der »normalen Symbiose«, in der sich das Kind in völligem Einklang mit der Mutter fühlt, und sie ist die Basis für die folgenden Entwicklungsschritte. Auch Erwachsene haben Symbiosetendenzen; diese können sie auf den Partner übertragen, die eigenen Kinder, Freunde, politische, religiöse oder andere Gruppierungen. Der so gewählte Symbiosepartner bietet Schutz, Zugehörigkeitsgefühl, Geborgenheit. Es

ist aber meist keine ruhige Geborgenheit, sondern Anpassung und Abhängigkeit, unter Aufgabe der eigenen Kritikfähigkeit und der eigenen Meinung.
Vierjährige Kinder haben eine besondere Vorliebe für Märchen, die diese frühe Mutter-Kind-Einheit zum Thema haben. Dafür gibt es verschiedene Gründe. Zum einen bringt das Märchen mit seinen Bildern und Symbolen dem Kind Grunderfahrungen in Erinnerung, die zeitlich nicht so lange zurückliegen und nicht vom abstraktbegrifflichen Denken überlagert sind. Das Kind befindet sich bis zum Beginn der Pubertät noch in der Stufe des magischen Denkens, eine Tatsache, die in unserer Kultur immer wieder vergessen wird (siehe S. 17). Der Erwachsene erinnert sich an die frühe Zeit nicht, in der er, völlig abhängig von den Eltern, diese als allmächtige Wesen und magische Geschöpfe erlebt hat, die nicht nur die geheimsten Wünsche erraten, sondern auch Wundertaten vollbringen, Unmögliches möglich machen. Dem Kind ist diese Zeit noch nahe, der Erwachsene kann sie nur in Märchen und Träumen wiederfinden.
Zum anderen hat das Kind bereits erste Erfahrungen mit der Loslösung von der Mutter gemacht, zum Beispiel beim Eintritt in den Kindergarten, ohne daß dies schon endgültige Schritte in die eigene Existenz sind. Aber es hat eine Ahnung davon, daß die Einheit nicht gewahrt bleibt, und es kennt die Trennungs- und Fremdenangst. Dennoch, oder gerade deswegen, bevorzugt es zunächst die Märchen, in denen die Mutter-Kind-Einheit gewahrt bleibt. Dies ist in folgenden Grimmschen Märchen der Fall:
– *Der Wolf und die sieben jungen Geißlein (KHM 5)*
– *Rotkäppchen (KHM 26)*
– *Daumesdick (KHM 37)*
– *Daumerlings Wanderschaft (KHM 45)*
– *Hans im Glück (KHM 83)*
– *Der süße Brei (KHM 103)*
– *Die Sterntaler (KHM 153).*
In den ersten beiden Märchen droht äußere Gefahr, die Mutter-Kind-Einheit zu zerstören. Aber letztendlich können sie sich den Mächten widersetzen. Diese Märchen führen zwar nicht die

gelungene Loslösung vor Augen, weil die Kinder ja an die Mutter gebunden bleiben. Aber den Kindern im frühen Märchenalter ist das eben recht, denn sie können sich noch gar nicht vorstellen, einmal woanders als bei den Eltern zu sein. Sie hören solche Märchen gerne, die vom Verbundenbleiben mit den Eltern erzählen. Außerdem vermitteln sie die Trennungsangst, die besonders von den jüngeren Kindern als lebensbedrohlich erlebt wird, und es ist zunächst einmal tröstlich, von Kindern im Märchen zu hören, die niemals verlassen werden.

In der Bedrohung von außen, in beiden Fällen der Wolf, können sie ihre eigenen Ängste wiedererleben und gleichzeitig erleichtert aufatmen, wenn die sieben Geißlein oder das Rotkäppchen wieder mit der Mutter vereint sind. Beide Märchen vermitteln dem Kind die Bewältigung der Trennungsangst, die für eine schrittweise Loslösung von der Mutter erforderlich ist.

Auch reale Kinderbücher erzählen von diesen Ängsten, z. B. von zwei Kindern, die die Mutter in der Stadt verlieren und mit Hilfe von Telefon und Polizei wieder zu ihr zurückfinden (»Jan und Julia verlaufen sich«, von Margret Rettich).

Diese Geschichten enthalten viel faktische Information, es wird allerdings stärker der Verstand angesprochen. Im Märchen hingegen werden, bedingt durch die Bildersprache, stärker die Emotionen berührt. Dies soll keine Ablehnung von realistischen Geschichten sein, sondern zeigen, welche wertvollen Dienste die wechselseitige Ergänzung leisten kann.

Für jedes Kind ist es wichtig und notwendig, die Begrenztheit der Mutter, ihres Gebens und Geben-Wollens zu erleben, wenn dies auch schwer ist und viele Kinder sich an das Idealbild der Mutter der Symbiose klammern. Der Wunsch, an der Mutter festzuhalten, geht in einigen Märchen von den Kindern aus, z. B. in *Hänsel und Gretel (KHM 15),* wo Hänsel um jeden Preis zu den Eltern zurück will, obwohl er doch nichts Gutes zu erwarten hat. Oft sind es auch die Mütter, die ihre Kinder nicht loslassen können und symbiotisch mit ihnen verschmolzen bleiben. Es gibt Mütter, die ihre Kinder bewußt oder unbewußt klein halten, weil sie, so lange diese versorgungsbedürftig sind, noch gebraucht werden. Dies trifft häufig für die Mütter zu, die ihre Identität, ihre Lebens- und Existenzberechtigung über die Kinder definieren. Sobald die Kinder dieser Stufe entwachsen sind, verlieren diese Frauen ihre Identität als Mutter und müssen sich wieder auf sich selbst besinnen. Hier können wir beispielsweise sehen, wie die Entwicklungsdramen im Märchen nicht nur den Kindern etwas geben können, sondern auch den Müttern bzw. Vätern. Indem sie, gemeinsam mit ihren Kindern, diese Geschichten des Lebens lesen und erzählen, beschäftigen sich beide Seiten mit der irgendwann einmal anstehenden Loslösung voneinander.

In der gemeinsamen Beschäftigung mit den Märchen liegt eine große Chance für Eltern und Kinder, sich über die unabänderlich anstehenden Entwicklungsschritte gefühlsmäßig klarzuwerden. Es liegt darin aber auch eine Gefahr. Eltern können ihre eigenen unbewußten Gefühle und Ängste in die Auswahl und Vermittlung der Märchen einfließen lassen, so daß diese moralisch oder angstmachend wirken. In *Hänsel und Gretel (KHM 15)* spricht dann die Hexe z. B. so schaurig, daß den Kindern angst und bange wird. In diesem Märchen wird die gewaltsame Ablösung der Kinder von der Mutter gezeigt, indem sie die Kinder »austreibt« und sie so in die psychische Geburtsphase bringt. Eine Thematik, die für Kinder aufregend genug ist und die ihnen ohne große Betonung vorgetragen werden sollte. Anderenfalls können die kleinen Zuhörer nicht mehr die gelungenen Schritte von Hänsel und Gretel sehen, sondern die Angst überwiegt.

Im Rahmen meiner Fortbildungsreihen über Märchen im Kindergartenbereich lasse ich immer Fragebögen ausfüllen. Eine Frage auf diesem Bogen ist die nach den Märchen der Kindheit, die den Teilnehmern spontan als erste einfallen. Zu den am häufigsten genannten gehört, neben *Hänsel und Gretel (KHM 15)* und *Schneewittchen (KHM 53),* das von *Rotkäppchen (KHM 26).* Es wird im allgemeinen nicht zu den wirklichen Zaubermärchen gezählt, und aus meiner Sicht ist es eines der wenigen Märchen, das eine gewisse Moral enthält, nämlich nicht vom rechten Wege abzugehen. Es endet: »Du willst dein Lebtag nicht wieder allein vom Weg ab in den Wald laufen, wenn dir's die Mutter verboten hat.«

Vielleicht ist das *Rotkäppchen* ein Lieblingsmärchen von Müttern, das sie mit Vorliebe an ihre Töchter weitergeben. Welche Mutter möchte nicht ein so liebes, braves Mädchen haben, geschweige denn hergeben und weglassen? Die Tragik liegt darin, daß sich Rotkäppchen zwar auf den Weg macht, und dieser »Weg« bedeutet »weg« von der Mutter. Aber es geht auch wieder zurück zur Mutter und verspricht Gehorsam. Es hat sich, meiner Meinung nach, nicht weiterentwickelt.

Bei *Hans im Glück (KHM 83)* geschieht etwas Ähnliches: Er gibt alle die Güter, die er selbst erworben hat, auf, um unbeschwert zur Mutter heimzukehren. Auf dem Weg zu ihr verschleudert er alle seine Möglichkeiten, ein eigenes Leben zu führen.

Eltern, die ihrem Kind bevorzugt das Märchen von *Rotkäppchen* oder *Hans im Glück* erzählen – vor allem auch den älteren Kindern –, ohne daß dies dem besonderen kindlichen Wunsch entspricht, sollten sich überlegen, warum ihnen diese Märchen so wichtig sind. Denn sie betonen die Thematik, daß es ein Leben ohne die Mutter kaum geben kann.

Den jüngeren Kindern entspricht das Märchen von *Hans im Glück* noch, ältere Kinder stellt es nicht mehr zufrieden. Auch *Daumesdick (KHM 37)* kehrt nach Hause zurück. Nachdem er viele Abenteuer bestanden und die Welt kennengelernt hat, kommt er heim in die häusliche Geborgenheit. Es ist ein eingeschränktes Leben, denn andere Lebensformen bleiben diesen Helden verschlossen.

Im *Sterntaler (KHM 153)* haben wir ein Kind vor uns, das trotz eigener Not selbstlos und mitleidig in bezug auf andere handelt, ohne aber Sorge für sich selbst zu tragen. Es erhält glücklicherweise Hilfe vom Himmel, wo sich, gemäß unserer christlichen Religion, bildlich gesehen, seine verstorbenen Eltern befinden. Diesem Kind bleibt die gefühlsmäßige Einheit mit den Eltern ebenso erhalten.

Im Märchen vom *Wolf und den sieben jungen Geißlein (KHM 5)*

findet Loslösung von der Mutter statt. Die Fremden- oder Trennungsangst ist bei den Geißlein auch bereits entwickelt, und diese resultiert aus der Objektkonstanz, wenn das Kind ein festes Bild von seiner Mutter verinnerlicht hat.
Die Mutter der sieben Geißlein macht die Trennung jedoch wieder rückgängig, weil sie durch die symbolische zweite Geburt alles wieder zum Guten wendet; aber nicht im Sinne einer neuen Autonomie, sondern indem sie den alten Zustand wiederherstellt. Die Loslösung der Kinder von der Mutter muß genau parallel mit der Bewältigung dieser Trennungsangst in Verbindung stehen. Denn erst diese kann es den Geißlein möglich machen, das mütterliche Haus zu verlassen, selbständig in den Wald zu gehen, Futter zu suchen und mit den Gefahren des Lebens umzugehen.
Auf die symbiotische Zeit folgt die Zeit der Welteroberung, in der das Kind sein faktisches Getrenntsein von der Mutter als solches noch nicht voll wahrnimmt, sondern die überschwengliche Freude an seinen eigenen Möglichkeiten überwiegt. Die kleinsten Annäherungsversuche von seiten der Mutter, z. B. das Kind in den Arm oder auf den Schoß zu nehmen, werden als »Verschlingungsversuche« gewertet und aufs heftigste abgewehrt.
Hier können wir jetzt eine der Symbiose gegenläufige Reaktion beobachten. Hatte bislang das Kind den Wunsch, von der Mutter in der frühen Mutter-Kind-Einheit nahezu verschlungen zu werden, so zeigt es jetzt Angst vor dieser Verschlingung. Entsprechungen für diese Thematik finden wir in den Märchen:
– *Die Wassernixe (KHM 79)*
– *Das Lämmchen und Fischchen (KHM 141)*
– *Fundevogel (KHM 51).*
Hiermit sind wir auch bei den ersten Ablösungsmärchen angelangt. Die gute Mutter der Symbiose, des Einsseins, hat sich in eine »böse« verfolgende Mutter verwendet, und die Kinder haben nur ein Ziel, ihr zu entfliehen.
Es gibt auch einige Märchen von Kindern, die diese Symbiose in ihrer Kindheit vermutlich nicht hatten, weil sie von ihren Eltern,

sei es Vater oder Mutter, abgelehnt wurden; *Das Eselein (KHM 144)* und *Hans mein Igel (KHM 108)* zeigen uns solche Kinder und wie ihre weitere Entwicklung verläuft. Diese Märchen sollte man aber nicht den Kindern erzählen, die noch sehr stark mit den Trennungsängsten der Loslösung befaßt sind, sondern erst den 5- bis 6jährigen, denen diese schon ein ganzes Stück gelungen ist. Das Kind in der Ablösungsphase muß sich der Liebe der Mutter gewiß sein, um sie ihr dann gleichzeitig in seinen Auseinandersetzungen zu entziehen. Die beiden zuvor erwähnten Märchen erzählen aber davon, daß man sich nicht grundsätzlich der Liebe der Eltern sicher sein kann.

»Im finsteren Wald« – Probleme in der Zeit der Loslösung

Es gibt viele Ablösungsmärchen, und sie bieten sich besonders für die Kinder an, die die Nähe der Mutter noch ganz bewußt erleben, obschon die nächsten Trennungsschritte anstehen. Es liegt eine ungeheure Chance darin, diese Entwicklungsdramen mit unterschiedlichen Schwerpunkten gemeinsam mit den Kindern zu lesen oder zu hören, kurzum, sie gemeinsam zu erleben. Daraus können Impulse und Ermutigung für Kinder und Eltern resultieren, die eigene Entwicklung nicht nur durchzustehen, sondern zu leben. Voraussetzung ist allerdings, daß man als Erwachsener die Märchen für wertvolle Geschichten hält und nicht für erdachten Unsinn. Insbesondere Vorschulkinder sind sehr sensibel in bezug auf die unausgesprochenen Emotionen der Erwachsenen. Mütter oder Väter, die selbst große Angst empfinden, daß sie im Erleben des Kindes mit Hexen, Riesen oder Drachen gleichgesetzt werden, können den Kindern nicht die nötige Sicherheit vermitteln, daß sie einverstanden sind, wenn die Märchenkinder Hexen und Riesen überwinden und damit auch, im übertragenen Sinn, die realen Eltern. Möglicherweise sind deshalb Großeltern oder Tanten die besseren Märchenerzähler, da sie nicht in unbewußte Konflikte verstrickt sind, wie sie es bei den eigenen Kindern einmal waren. Genau in diesem Einverständnis liegen Möglichkeiten für Eltern, die Auseinandersetzung der Kinder mit der mütterlichen oder väterlichen Person anzunehmen und sich ihr zu stellen. Sie ist anstrengend aber notwendig, um dem Kind zu einer echten Selbständigkeit zu verhelfen, und zu irgendeinem Zeitpunkt kommt sie auf jedes Elternpaar zu. Bei den einen beginnt es im Vorschulalter, bei anderen in der Pubertät, und die Kinder zwingen die Mutter nahezu, neben der »Lebkuchenseite« auch ihre andere Seite zu zeigen, die der »kinderfressenden Hexe«. Es ist faszinierend, wie unterschiedlich diese Ablösungskämpfe zwischen Kindern und Eltern ablaufen. Jedes Kind entwickelt seine ihm gemäße »Kampftechnik«. Sie ist individuell und kann lebenslang gleichermaßen beibehalten werden. Sie wird im Kampf mit den neuen, verschlingenden Müttern, also bei Partnern oder Partnerinnen zum Tragen kommen. Manche Vierjährigen widersetzen sich der Mutter massiv schimpfend. »Du doofe Mama«, »hau ab« oder »ich mach dich tot« sind häufig gebrauchte Beschimpfungen, wobei letztere durchaus auch bei Kindern anzutreffen ist, die noch keine Märchen kennengelernt haben. Sie findet sich meist modifiziert, der heutigen Zeit angepaßt, nämlich: »Ich schieß dich tot.« Anderenfalls hat das Kind die Möglichkeit, die Mutter in den Backofen zu schieben und zu verbrennen. In dieser Form der Auseinandersetzung wird der andere weggewünscht, damit die Eigenständigkeit dem Kind nicht länger als bedroht erscheinen muß. Das gegenteilige Verhalten finden wir real im Weglaufen oder passiv in der Verweigerung. Die Dinge, die gefordert oder erwartet werden, tut das Kind nicht, um sich so zu beweisen, daß es selbständig und autonom ist.

Andere Kinder setzen sich mit der Mutter schon wortgewandt in Argumenten und Überredungsversuchen auseinander und schlagen hier möglicherweise die Mutter mit ihren eigenen Waffen.

Genau dieses psychische »Sich-Auseinandersetzen« ist notwendig, das Kind muß sich von der Mutter »weg-setzen«, um sein

eigenes Ich zu finden. Dabei kommt es zu Situationen, in denen die Mütter oder Väter ihren Kindern »zu-« oder »nachsetzen«, somit die notwendige Distanz verhindern und die Kinder in der Beziehung zu den Eltern »fest-sitzen«.
In den Augen der Kinder werden die Bezugspersonen, die die Nähe erzwingen wollen und die Distanz nicht zulassen, zu Hexen, alten Zauberinnen, Stiefmüttern, und diese gilt es zu beseitigen oder deren Einflußbereich möglichst schnell zu verlassen.
Märchen, in denen die Helden darum kämpfen, aus dem Einflußbereich der Mutter herauszukommen, sind beispielsweise:
- *Die Wassernixe (KHM 79)*
- *Fundevogel (KHM 51)*
- *Hänsel und Gretel (KHM 15)*
- *Der liebste Roland (KHM 56)*
- *Brüderchen und Schwesterchen (KHM 11)*
- *Das Lämmchen und das Fischchen (KHM 141)*

Es ist wichtig, aus der Vielfalt der Märchen mit ähnlicher Thematik jeweils solche auszuwählen, die in ihrem Bildablauf die jeweilige Altersstufe am besten ansprechen. So eignet sich *Die Wassernixe* durch Kürze, Sprache und Gedanken besonders für die jüngeren Vorschulkinder, *Fundevogel* wiederum für die etwas älteren. *Der liebste Roland* ist erst im späteren Grundschulalter anzusetzen. Überhaupt sind die Märchen, die die Partnersuche zum Thema haben, erst für die 8- bis 12jährigen Kinder von Interesse. Zunächst überwiegen andere psychische Probleme und Konflikte.
Im Märchen *Das Lämmchen und das Fischchen* schließen sich die Geschwister zusammen. Und zwar zu dem Zeitpunkt, als sie die eindeutig gute, alles gewährende Mutter der Symbiose verlieren, was durch deren Tod symbolisiert wird. Sie ist einfach weg. Die Kinder müssen dann die andere Seite der Mutter erkennen, die fordernde, die als böse erlebt wird – symbolisiert durch die Stiefmutter. Gemeinsam entfliehen die Kinder. Jetzt ist die Angst, verschlungen zu werden, größer als die Sehnsucht und der Wunsch nach Wiedervereinigung mit dem Liebesobjekt Mutter.

Letzteres wird ganz deutlich in dem Bild der Mutter, die den See austrinken will, um an die Kinder zu kommen *(KHM 51 und 56).*

Bei *Hänsel und Gretel* begegnet uns in der Stiefmutter eine Frau, die die Kinder gewaltsam aus der Symbiose treibt, und Hänsel versucht alles, um zu ihr zurückzukehren, er negiert »die bösen Anteile« und idealisiert sie, indem er weiterhin nur die »gute Mutter« der Symbiose in ihr sieht.

Das märchenhörende Kind hat all diese Entwicklungsprozesse, die ihm im Märchen begegnen, nicht bewußt erlebt, sondern mehr unbewußt aufgenommen; daher berühren es die Bilder der Märchen, die gemachte Erfahrungen, aber auch immer wiederkehrende Konflikte ansprechen.

Hat das Kind im Anschluß an die symbiotische Phase das Getrenntsein von der Mutter zunächst als schmerzhaft empfunden, so bringt ihm diese Trennung doch gleichzeitig einen immensen Zuwachs an Willensmöglichkeiten, und die Folgen sind die zuvor beschriebenen Machtkämpfe, in die es die Eltern, zunächst überwiegend die Mutter, verstrickt. »Trotz« nennen wir es bei den Kleineren, und »Flegeljahre« wurde es bei den Älteren genannt.

Der Impuls zur Loslösung geht zwar in einigen Fällen von den Märchenhelden aus, indem sie auf Abenteuer ausziehen. In vielen Fällen wird sie aber auch von den Müttern oder Vätern eingeleitet, wobei uns im Märchen fast nie die realen Eltern begegnen, abgesehen von *Der Wolf und die sieben jungen Geißlein (KHM 5)* und *Rotkäppchen (KHM 26).* Meist sind es stellvertretende mütterliche Instanzen, im positiven wie im negativen Sinn.

Die gute Mutter als die »magna mater« hilft dem Mädchen in der Verzweiflung *(Die wahre Braut, KHM 186),* nimmt das verstoßene Kind auf, pflegt es *(Gänsehirtin am Brunnen, KHM 179)* oder nährt es *(Der süße Brei, KHM 103).* Als die bösen Mütter finden wir Stiefmütter, Zauberinnen, kinderfressende Hexen und Schwiegermütter. Der Vater begegnet uns als der »alte Weise« *(Das Wasser des Lebens, KHM 97),* der Allheilmittel zur Verfü-

gung stellt, aber auch als Zauberer, schwarzer Mann, Tod usw.
Indem die reale Mutter oder der Vater entfremdet oder durch Phantasiegestalten ersetzt werden, fällt es dem märchenhörenden Kind leichter, in ihnen Züge der eigenen Eltern wiederzuerleben und sich im Kampf gegen diese Instanzen mit dem Märchenhelden zu identifizieren.
Das Märchen bietet dem Kind Raum für seine individuellen Phantasien und Variationen der Geschichte. So kann es seiner eigenen Erlebniswelt folgen und persönliche Inhalte, Vorstellungen und Zusammenhänge wiederfinden oder selbst einfügen. Sie bleiben genau in der Offenheit, in der sich auch die Denkansätze des prälogischen Kindes noch befinden.
Dies zeigt sich oft sehr plastisch, wenn Erwachsene nach langen Jahren erstmals ein Märchen ihrer Kindheit wieder lesen und erstaunt feststellen, wie anders sie es in Erinnerung haben. An dieser Stelle kann das Märchen zurück in die eigene Kindheit führen, indem es Rückschlüsse auf die damalige Situation des Kindes zuläßt; denn das Märchen wurde entsprechend der damaligen Situation und den Empfindungen gewertet und eingestuft. Auf Elternabenden stellen Eltern oft fest, daß sie erst jetzt, da sie selbst Eltern sind, Märchen so grausam empfinden, als Kinder kamen sie ihnen nicht so schrecklich vor.
Ein direktes oder sogar verbales Zulassen der Aggressionen ist vielen Kindern nicht möglich. Besonders schwierig wird es für die, die stark elternfixiert oder abhängig sind. Kinder können ihre Enttäuschung und Wut in bezug auf die Mutter, die sie ja lieben und brauchen, oft besser auf der Phantasieebene zulassen als real. Das direkte Ausleben solcher Gefühle ist davon abhängig, ob Eltern das gestatten und wie diese mit ihren eigenen Gefühlen umgehen. Vielleicht haben sie selbst manchmal den Gedanken, die Kinder mal loszuwerden, oder sie müssen solche Phantasien unterdrücken, weil keine »gute Mutter«, kein »guter Vater«, so denkt. Genau in der Ambivalenz zwischen Lieben und Festhalten, Verstoßen und In-die-Selbständigkeit-Schicken steht die gute Mutter. Im gleichen Zwiespalt stecken die Kinder. Mütter

haben die Möglichkeit, sich, speziell mit anderen Müttern, über ihre zwiespältigen Gefühle zu verständigen. Kinder dagegen können solchen Empfindungen, gemeinsam mit der Mutter, gut im Märchen begegnen. Die Bilderabfolge führt ihnen vor Augen, was sich in ihrem Inneren abspielt. Die Sprache der Märchen wird von den Kindern unmittelbar verstanden, und sie bietet sich als Projektionsfläche eigener Gefühle an, denn Sprache und Handlungsablauf entsprechen dem magischen, anthropomorphistischen, physiognomischen und animistischen Denken des Kindes.

Die Märcheneltern gehen wenig zimperlich mit ihren Kindern um, wenn die Zeit des »Nesthockens« vorüber ist. Im folgenden möchte ich kurz einige Märchen unter dem Gesichtspunkt Trennung darstellen: Mutter–Tochter, Mutter–Sohn, Vater–Tochter und Vater–Sohn. Für Kinder ist es häufig unerheblich, ob der Märchenheld männlich oder weiblich ist. Sie können sich so intensiv in das Geschehen einfühlen, daß dies keine Rolle mehr spielt. Der Gegenstand des Erlebens wird mühelos auf die eine oder andere Märchengestalt projiziert.

Deshalb müssen die Märchen auch nie genau der Situation des Kindes entsprechen, obschon solche bei Kindern, die Märchen nicht gewöhnt sind, sicher erst einmal vorzuziehen wären. Wenn sie zu sehr die reale Situation des Kindes widerspiegeln, dann kann ein Kind in starke Abwehr verfallen.

Mutter – Tochter

Die Lösung mancher Töchter beginnt im Märchen, indem sie von den »bösen Müttern« der Loslösung ständigen Qualen und Prüfungen ausgesetzt sind oder in die Fremde gejagt werden. Die inneren Bindungen sind über Nacht abgeschnitten, häufig symbolisiert durch den Tod der leiblichen Mutter, und die Mutter hat sich in das Gegenbild verwandelt.

– *Frau Holle (KHM 24)*
– *Einäuglein, Zweiäuglein und Dreiäuglein (KHM 130)*

– *Die Rabe (KHM 93)*
– *Die drei Männlein im Walde (KHM 13)*
– *Schneewittchen (KHM 53)*
– *Aschenputtel (KHM 21)*

In vielen dieser Märchen kann man allerdings auch gut erkennen, was geschieht, wenn die geliebte Tochter bei der »guten Mutter« in der Symbiose verbleibt. Sie wird dann, wie die Pechmarie, am Erreichen der Autonomie und Individuation gehindert.

Bei *Rapunzel (KHM 12)* kann ein Kind spüren, wie wichtig es ist, sich über den mütterlichen Einfluß hinwegzusetzen. Allerdings wird dieses Märchen nicht so gern von den Müttern erzählt; jedenfalls rangierte es auf meiner Umfragenliste ziemlich am Schluß, was die Erzählhäufigkeit betrifft. Möglicherweise hängt es auch damit zusammen, daß die Mutter hier nicht eindeutig charakterisiert ist. Bei Rapunzel ist die Mutterfigur vordergründig eine gute, versorgende, die scheinbar das »Gute will«, aber das »Böse schafft«, indem sie die Tochter festhält. Bei Töchtern wie auch bei Söhnen finden wir solche, die von den Müttern nicht losgelassen werden sowie solche, die sich nicht von ihr lösen wollen und durch die starke Anziehungskraft der Mutter unselbständig bleiben. Früher hieß selbständig werden für die Töchter, wegzugehen und zu heiraten. Deshalb durchkreuzen manche Mütter im Märchen auch die Heiratsabsichten der Tochter oder verhindern eine Beziehung wie z. B. im *Fundevogel (KHM 51)*.

Mutter – Sohn

Es gibt nicht sehr viele Märchen, in denen die Mutter dem Sohn zur Autonomie verhilft. Diese Rolle übernimmt häufiger der Vater. Zahlreicher finden sich Märchen, in denen die Söhne von den Müttern festgehalten werden.

War bislang mehr die Rede von der Loslösung vom ersten Liebesobjekt Mutter, so soll jetzt die entwicklungsgemäß spätere

Loslösung vom Vater betrachtet werden, die genauso wichtig ist. Gerade diese Loslösung und Auseinandersetzung verhilft dem Jungen zur Übernahme seiner männlichen Rolle und der Tochter zur echten Beziehungsfähigkeit mit dem gegengeschlechtlichen Partner. Allerdings ist die Bedeutung des Vaters auch hervorzuheben für den Ausgleich der Beziehung Mutter–Kind. Auch er beeinflußt in seinem Tun oder seinem Versagen den Lebenslauf des Kindes. Besonders wichtig ist, wie er sich gegenüber der Mutter verhält. Unterwirft er sich ihr, kann er seine Kinder nicht unterstützen. Setzt er sich mit seiner Frau auseinander, so dürfen das auch die Kinder.

Vater – Sohn

In vielen Märchen resultiert die Trennung des Sohnes vom Elternhaus aus einem Konflikt mit dem Vater. Oft wird er vor die Tür gesetzt wie in *Hans mein Igel (KHM 108), Die drei Federn (KHM 63)* oder *Der arme Müllerbursch und das Kätzchen (KHM 106)*. Eine Notsituation macht das Verbleiben zu Hause unmöglich, und der Sohn muß hinaus ins Leben, das vertraute Zuhause aufgeben. In manchen Fällen werden die Söhne verwünscht oder einem Dämon überantwortet *(Die sieben Raben, KHM 25 u. a.)*.

Vater – Tochter

In vielen Märchen, in denen der Vater die Trennung der Tochter von zu Hause einleitet, geschieht dies durch ein Versprechen an einen dritten, dem die Tochter dann übergeben werden muß.
– *Rapunzel (KHM 12)*
– *Das singende, springende Löweneckerchen (KHM 88)*
– *Marienkind (KHM 3)*
– *Das Mädchen ohne Hände (KHM 31)*
– *Rumpelstilzchen (KHM 55)*.

Man kann den Eindruck gewinnen, daß der Vater seine alte Gefühlsbindung zur Tochter löst und sie auf einen anderen, den Partner, überträgt. Aber so einfach geht das nicht. Wenn die neue Beziehung gelingen soll, muß ein eigenständiger Trennungsprozeß stattfinden. Das stellt sich in Märchen so dar: die Frauen müssen sich auf die Suche begeben, um ihren Partner zu finden *KHM 88 und 31),* oder ihnen werden die Kinder nach der Geburt weggenommen. Die Beziehung erfährt also noch keine Fruchtbarkeit, die häufig die Reife symbolisiert.
In manchen Märchen will der Vater die Tochter nicht freigeben. *Allerleirauh (KHM 65)* muß aus der Beziehung zum Vater fliehen, weil dieser sie heiraten will. *Dornröschen (KHM 50)* werden seine Entwicklungsmöglichkeiten vorenthalten, indem der Vater alle Spindeln verbrennen läßt. Die Spindel ist aber notwendiges Instrument zum Spinnen des eigenen Lebensfadens.

»Das eigene Reich« – Märchen und Individuation

Das eigene Reich, das Königreich zu gewinnen, in diesem Bild spiegelt sich das Lebensziel eines jeden Menschen am besten wider: die eigene Lebensform zu finden. Ein wesentlicher Teilschritt zu diesem Ziel ist die Loslösung von zu Hause, das Erwachsenwerden. Ohne diese Trennung ist kein Leben im eigenen Reich möglich.
Wie diese Trennung oder Loslösung auszusehen hat, wird von vielen Menschen mißverstanden. Viele glauben, sie hätten sich getrennt, weil sie dorthin – zu den Eltern – doch gar nicht mehr gehen. Oder sie haben vermeintlich »damit nichts mehr zu tun«, was sich darin ausdrücken kann, einen extrem entgegengesetzten politischen Kurs einzuschlagen, aus der Kirche auszutreten oder eine von den Eltern abgelehnte Lebensform zu der ihren zu machen. Finden sich solche Anzeichen, dann stehen diese eher dafür, daß noch keine Trennung stattgefunden hat; sonst wäre

eine solch extreme Form der Abgrenzung nicht erforderlich. Auch keinen Kontakt mehr zu haben ist nicht gleichzusetzen mit gelungener Loslösung. Diese drückt sich darin aus, daß man frei von den wechselseitigen Erwartungen ist, die auf beiden Seiten bestehen: Von den Eltern in Hinblick auf die Kinder, daß diese ihr Leben in einer bestimmten Form zu leben haben. Dann sind die Eltern glücklich und zufrieden, ihr Lebenswerk ist erfüllt. Von den Kindern an die Eltern, daß diese sie weiterhin versorgen sollen, materiell aber auch emotional. Häufig äußert sich dies in der unspezifischen Erwartung von seiten der Kinder, daß sie noch irgend etwas von den Eltern zu bekommen haben. Das kann beispielsweise die Anerkennung sein, die sie sich als Kind wünschten.

Von einem frühen Lebensalter an, handeln die Kinder bei vielen Dingen den Eltern zuliebe. Sie verzichten auf Schnuller und Flasche und trinken aus der Tasse, sie machen nicht mehr in die Windel, sondern in den Topf, und sie gehen weg von der Mutter in den Kindergarten. Dies alles tun Kinder nicht, weil sie von dem Fortschritt überzeugt sind, den es für sie bedeutet, wenn sie unabhängig werden, sondern weil die Mutter es wünscht. Ihr zuliebe unternehmen sie diese ersten Schritte in die Autonomie. Insbesondere das In-den-Topf-oder-die-Toilette-Machen wird häufig von den Kindern geradezu wie ein Geschenk an die Mutter gehandhabt. Die Mutter empfindet es auch zunächst so, ist begeistert und lobt stolz ihr Kind. Etwas verwunderlich wirkt es dann allerdings für das Kind, wie die Mutter mit diesem Geschenk umgeht; für das Kind verschwindet es unverständlicherweise unter großem Gebrause in einem Loch, der Toilette. Viele Kinder benutzen zunächst ungern die Toilette, weil sie gemäß ihrem magischen Denken diesen Ort als beängstigend erleben; sie glauben, sie könnten, wenn sie dort hineinfallen, auch verschwinden.

Das Prinzip, etwas zu tun, um die Liebe und Anerkennung der Eltern zu erringen, findet sich bei vielen Kindern und Erwachsenen. Sie bringen gute Schulleistungen, sportliche Erfolge und anderes mehr, und alles in der Hoffnung, nun endlich

die verdiente Anerkennung und Wertschätzung der Eltern zu erreichen. Akzeptiert und geliebt zu werden, heißt das Ziel.
Der erwachsene Mensch in der Individuation muß sich diese Anerkennung selbst geben und sich selbst eine gute Mutter sein, was allerdings nicht bedeutet, daß solche Anerkennung nicht auch anderswo zu finden ist. Man darf nur nicht darauf angewiesen sein. Die Ablösung von den Eltern gibt durch die Identitätsgewinnung sowohl den Kindern als auch den Märchenhelden ihre eigentliche Tatkraft.
Diese gerade gewonnene Identität wird oft sofort auf die Probe gestellt, indem Jugendliche, oder auch die Märchenhelden, mit andersgeschlechtlichen Partnern ausprobieren, wieweit sie in der Verschmelzung mit diesen autonom bleiben.
Im realen Leben wie auch im Märchen zeigt sich dann, ob die Loslösung gelungen, das eigene Reich wirklich gewonnen ist, oder ob es nicht gleich wieder durch Selbstaufgabe in der Beziehung zum anderen verlorengeht.
Viele Märchenhelden durchleben nach dem Verlassen des Elternhauses erst einmal so etwas wie einen »Nachreifungsprozeß«. Sie gehen in »Klausur«. *Hans mein Igel (KHM 108)* hütet die Schweine. Andere Helden hüten Ziegen, Gänse oder Schafe. Besonders in dem Bild vom Schafehüten drückt sich die Meditation aus, das Auf-sich-selbst-Besinnen, Nach-innen-Gehen, aber auch das Auf-sich-selbst-angewiesen-Sein. Erst danach ist dann die königliche Hochzeit möglich. Dieses Bild, wenn Mann und Frau sich vereinigen, drückt unter anderem die höchste Form der Selbstwerdung, der Individuation, aus. Indem sich die beiden Prinzipien »Männlich« und »Weiblich« – »Vernunft« und »Gefühl« vereinigen, entsteht ein ganzheitlicher Mensch. »Nur Mann« oder »nur Frau« sind keine vollständigen Personen, sondern einseitig entwickelte Teilaspekte. Jeder Mensch muß in sich die »männliche Seite« entwickeln, aber auch die »weibliche«. Dies gelingt nur nach der Loslösung von der Mutter.
Ein mütterlich verhafteter Mann bleibt einseitig männlich, denn die frauliche Seite des Fühlens, Ahnens, Bemutterns, bleibt bei der Mutter bzw. wird auf die Partnerin verlagert. Für eine

autonome Beziehung zu einer erwachsenen Frau muß der Mann der Mutter »entwachsen«.

In den Märchen können wir sehen, wie die Bindung an die Mutter, soweit sie nicht mehr altersgemäß ist, die Kinder auf einer früheren Entwicklungsstufe festhält und sie sich auch geistig und emotional nicht weiterentwickeln können. Hänsel, der im Ställchen sitzt, erlebt nicht den gleichen Reifezuwachs wie Gretel. Die Geborgenheit fordert ihren Preis, nämlich die Einbuße der eigenen Lebendigkeit und Selbständigkeit, um die Fragen und Probleme des Lebens zu meistern.

Bei dem Verhältnis Mutter–Tochter ist die Mutter nicht so maßgeblich an der Ausformung der Beziehung zum andersgeschlechtlichen Partner beteiligt. Dieser Einfluß kommt mehr dem Vater zu. Die Beziehung zur Mutter prägt aber stark die Art, wie eine Frau ihr Frausein leben kann. Das Mädchen muß zwar zunächst, wie auch der Junge, emotional gefüttert werden, aber dann ist es genauso notwendig, das Mädchen in die Autonomie zu entlassen. Eine zu starke Bindung an die Mutter blockiert die Entwicklung zur Frau, weil die Tochter ihre eigenen fraulichen und mütterlichen Fähigkeiten nicht zur Entfaltung bringen kann, da diese an die Mutter gebunden bleiben. Sie kann auch ihre Tatkraft, das männliche Prinzip, nicht entfalten. An die Mutter gebunden zu bleiben kann heißen, nicht selbst Mutter zu werden; die fehlende innerliche Reifung macht es nicht möglich. *Schneeweißchen und Rosenrot (KHM 161)* zeigt zwei stark muttergebundene Mädchen und ihre Angst vor dem Männlichen, dem Bären. Ebenso wissen sie nicht angemessen mit dem Zwerg umzugehen, sie sind nicht zu einer Auseinandersetzung fähig.

Im Märchen zeigt es sich immer wieder, daß die Söhne und Töchter, bei denen die Loslösung nicht eindeutig gelungen ist, noch einige Aufgaben zu bewältigen haben. Dann erst finden sie den Märchenprinzen oder die Prinzessin, die »bessere Hälfte«, als Symbol für ihre andere psychische Seite.

Manche Märchenheldinnen müssen lange Wanderungen auf sich nehmen, bis sie die Individualität erreichen. Zur wahren erwachsenen Liebesfähigkeit zu gelangen, ist ein weiter Weg. So zeigt es sich bei den Märchen:

- *Das Mädchen ohne Hände (KHM 31)*
- *Das singende springende Löweneckerchen (KHM 88)*
- *Der Eisenofen (KHM 127)*
- *Die sieben Raben (KHM 25)*
- *Die zwölf Brüder (KHM 9)*
- *Die sechs Schwäne (KHM 49)*

In der gelingenden Partnerschaft wird klar, ob die Individuation erreicht ist.

In vielen Märchen finden sich die gegengeschlechtlichen Partner zwar schnell, aber genauso schnell verlieren sie sich wieder. Zwar versprechen sie ihrem Partner die ewige Treue, aber sie wollen noch einmal nach Hause, um den Eltern Lebewohl zu sagen oder dort die Hochzeit vorzubereiten.

In vielen Märchen warnt der zurückbleibende Teil, ihn nicht zu vergessen, auf keinen Fall die Eltern bei der Begrüßung zu küssen oder nur nicht das Geheimnis des Tierbräutigams preiszugeben, daß dieser in der Nacht zu einem schönen Prinzen wird.

Kaum in den elterlichen Einflußbereich zurückgekehrt, vergessen sie ihr Treuegelöbnis, ihre Versprechen und die Warnung. Häufig wird dann die Hochzeit mit einem anderen Partner von den Eltern in die Wege geleitet, oder sie geraten in die »Fänge« einer Zauberin, deren Töchter sie heiraten sollen. Der zurückgebliebene Partner macht sich im Märchen auf den Weg, den anderen zu finden und zu erlösen. In vielen Märchen sind es die Frauen, die die Männer aus dem Einflußbereich der »Mütter« erlösen, indem sie diese, quasi durch ihre Anstrengung, in die »Autonomie« lieben.

Viele Märchen drücken auch aus, wie sehr partnerschaftliche Liebe ein Gut ist, um das man sich immer wieder neu bemühen muß. In der Mutterschaft kann sich dieser Reifungsschritt ausdrücken, die Beziehung wird fruchtbar. In manchen Märchen werden der Frau gleich nach der Geburt das Kind oder die Kinder weggenommen. Die Frau ist also noch nicht zur wahren Mutterschaft bereit, bedingt durch die Bindung an die eigene Mutter. In diesem Fall steht sie unter deren negativen Einfluß, in manchen Märchen unter dem der Schwiegermutter.

Dieses Motiv findet sich in den Märchen:

- *Brüderchen und Schwesterchen (KHM 11)*
- *Die sechs Schwäne (KHM 49)*
- *Die drei Männlein im Walde (KHM 13)*
- *Das Mädchen ohne Hände (KHM 31)*

Mutterschaft bedeutet für eine Frau, ebenso wie für den Mann, in eine neue Lebensform hineinzuwachsen. Erst muß man die Verantwortung für sich selbst übernehmen, indem man sich aus der Einflußsphäre der Eltern löst. So wird man reif, um selbst Mutter oder Vater zu sein.

Sich auf diese neue Lebensform einzulassen ist oft, trotz der neun Monate Vorbereitungszeit, nicht so einfach. Im Extremfall äußert sich das bei einer Frau in der Wochenbettpsychose, wenn sie das Kind nicht sehen oder sogar umbringen will. Normalerweise haben die meisten Frauen in den Wochen nach der Entbindung leichtere oder schwerere depressive Verstimmungen. Sie gehen einher mit dem Gefühl, es nicht zu schaffen, alles falsch zu machen, kurzum überfordert zu sein. Dies zeigt deutlich, wie auch der erwachsene Mensch an der Nahtstelle von einer Entwicklungsstufe in die andere Angst empfindet und auch empfinden darf. Denn es ist hier die Angst und Unsicherheit, ob man den neuen Anforderungen und der Verantwortung gerecht wird.

Eltern zu sein ist etwas sehr Verantwortliches und gehört zu den Bereichen des Lebens, die wir nicht erlernen, sondern aus uns heraus, auf der Basis der eigenen Erfahrungen, ausüben. Im Märchen verhält es sich oft so, daß der Mann die Frau von der bösen Kraft erlöst und ihre Kinder wieder lebendig oder zurückgebracht werden.

Im realen Leben sollte es so sein wie im Märchen. Die Väter müssen mit ihrer Liebe und Zuwendung die Mutter unterstützen, daß sie sich in den ersten Monaten ganz auf die symbiotische Beziehung mit dem Säugling einlassen kann.

Hier liegt in Partnerschaften oft eine Krise begründet, wenn es dem Mann schwerfällt, die Liebe seiner Frau mit dem Kind zu

teilen, gerade in der ersten Zeit der Symbiose. Dies ist häufiger bei den Männern der Fall, die noch stark muttergebunden sind, wobei diese Gefühle an die Partnerin delegiert werden.
Sehr viele Märchen, die die eigentliche Individuation des erwachsenen Menschen ansprechen, sind keine ausgesprochenen Kindermärchen, sondern eher Erwachsenenmärchen, die erst für Kinder ab etwa zehn Jahren angemessen sind. Am ehesten eignen sich noch *Dornröschen (KHM 50)* und *Schneewittchen (KHM 53)* als Individuationsmärchen. Dornröschen erlebt seine Reifezeit im Schlaf, Schneewittchen bei den sieben Zwergen. Allerdings erzähle ich persönlich diese Märchen nicht so gerne, weil sie zu sehr mit Klischees à la Walt Disney behaftet sind und durch die Medien überstrapaziert wurden. Außerdem zeigen sie nicht die Anstrengung, die es erfordert, ins eigene Leben zu kommen.

5. Die psychische Entwicklung mit ihren Problemen, dargestellt an fünf Märchen der Brüder Grimm

Im folgenden will ich an fünf Märchen aufzeigen, inwieweit die dargestellte Entwicklungsthematik die Kinder unserer Zeit betreffen kann. Aber ich möchte auch den Eltern verdeutlichen, wie Märchen symbolisch vermitteln, was Kinder in welchem Alter brauchen oder welche Problematiken sich im Eltern-Kind-Verhältnis ergeben können. Auf diese Weise bieten Märchen die Möglichkeit, für beide Teile hilfreich und bereichernd zu sein.
Es ist durchaus möglich, in den Märchen verschiedene Schwerpunkte herauszuarbeiten. Das eine Märchen betont mehr die Symbiose, ein anderes mehr die Trennung oder die Individuation.
Die Märchen, die ich zunächst aufgreifen werde, setzen sich mit der Ablösungsthematik auseinander: im ersten will sich der Sohn nicht von zu Hause lösen, im zweiten geht es eher um eine besitzergreifende Mutter, die das Kind nicht sein lassen kann. Das dritte Märchen thematisiert die Beziehungsfähigkeit zwischen Mutter und Kind und die Auswirkungen auf spätere Beziehungen. Ähnlich ist es im vierten, wobei hier speziell die Mutter-Tochter-Beziehung angesprochen ist. Im fünften und letzten Märchen werden die Eltern nicht mehr erwähnt; es hat die Individuation zum Thema, den Weg ins eigene Leben.
Bei meinen Märcheninterpretationen bzw. beim Bezugnehmen auf vorgegebene Entwicklungsmuster, möchte ich nicht als allgemeingültig verstanden werden, sondern es sind Interpretationsversuche, wie ein Märchen aus Kind- oder Elternsicht verstanden werden kann. Es überläßt dem einzelnen genügend Spielraum für eigene Erfahrungen. Märchendeutung soll nicht in die Breite, um so mehr aber in die Tiefe des eigenen Ichs führen; indem man die Interpretationen als Angebot versteht, die zum Nachdenken anregen.

Hänsel und Gretel*

(KHM 15)

Vor einem großen Walde wohnte ein armer Holzhacker mit seiner Frau und seinen zwei Kindern; das Bübchen hieß Hänsel und das Mädchen Gretel. Er hatte wenig zu beißen und zu brechen, und einmal, als große Teuerung ins Land kam, konnte er auch das tägliche Brot nicht mehr schaffen. Wie er sich nun abends im Bette Gedanken machte und sich vor Sorgen herumwälzte, seufzte er und sprach zu seiner Frau: »Was soll aus uns werden? Wie können wir unsere armen Kinder ernähren, da wir für uns selbst nichts mehr haben?« – »Weißt du was, Mann«, antwortete die Frau, »wir wollen morgen in aller Frühe die Kinder hinaus in den Wald führen, wo er am dicksten ist: da machen wir ihnen ein Feuer und geben jedem noch ein Stückchen Brot, dann gehen wir an unsere Arbeit und lassen sie allein. Sie finden den Weg nicht wieder nach Haus, und wir sind sie los.« – »Nein, Frau«, sagte der Mann, »das tue ich nicht; wie sollt' ich's übers Herz bringen, meine Kinder im Walde allein zu lassen, die wilden Tiere würden bald kommen und sie zerreißen.« – »O du Narr«, sagte sie, »dann müssen wir alle viere Hungers sterben, du kannst nur die Bretter für die Särge hobelen«, und ließ ihm keine Ruhe, bis er einwilligte. »Aber die armen Kinder dauern mich doch«, sagte der Mann.

Die zwei Kinder hatten vor Hunger auch nicht einschlafen können und hatten gehört, was die Stiefmutter zum Vater gesagt hatte. Gretel weinte bittere Tränen und sprach zu Hänsel: »Nun ist's um uns geschehen.« – »Still, Gretel«, sprach Hänsel, »gräme dich nicht, ich will uns schon helfen.« Und als die Alten eingeschlafen waren, stand er auf, zog sein Röcklein an, machte die Untertüre auf und schlich sich hinaus. Da schien der Mond ganz helle, und die weißen Kieselsteine, die vor dem Haus lagen, glänzten wie lauter Batzen. Hänsel bückte sich und steckte so viel in sein Rocktäschlein, als nur hinein wollten. Dann ging er wieder zurück, sprach zu Gretel: »Sei getrost, liebes Schwesterchen, und schlaf nur ruhig ein, Gott wird uns nicht verlassen«, und legte sich wieder in sein Bett.

Als der Tag anbrach, noch ehe die Sonne aufgegangen war, kam schon die Frau und weckte die beiden Kinder: »Steht auf, ihr Faulenzer, wir wollen in den Wald gehen und Holz holen.« Dann gab sie jedem ein

* Die folgenden Märchen sind entnommen aus: Brüder Grimm, Kinder- und Hausmärchen, Band 1 und 2. dtv: München 1984.

Stückchen Brot und sprach: »Da habt ihr etwas für den Mittag, aber eßt's nicht vorher auf, weiter kriegt ihr nichts.« Gretel nahm das Brot unter die Schürze, weil Hänsel die Steine in der Tasche hatte. Danach machten sie sich alle zusammen auf den Weg nach dem Wald. Als sie ein Weilchen gegangen waren, stand Hänsel still und guckte nach dem Haus zurück und tat das wieder und immer wieder. Der Vater sprach: »Hänsel, was guckst du da und bleibst zurück, hab acht und vergiß deine Beine nicht.« – »Ach, Vater«, sagte Hänsel, »ich sehe nach meinem weißen Kätzchen, das sitzt oben auf dem Dach und will mir ade sagen.« Die Frau sprach: »Narr, das ist dein Kätzchen nicht, das ist die Morgensonne, die auf den Schornstein scheint.« Hänsel aber hatte nicht nach dem Kätzchen gesehen, sondern immer einen von den blanken Kieselsteinen aus seiner Tasche auf den Weg geworfen.

Als sie mitten in den Wald gekommen waren, sprach der Vater: »Nun sammelt Holz, ihr Kinder, ich will ein Feuer anmachen, damit ihr nicht friert.« Hänsel und Gretel trugen Reisig zusammen, einen kleinen Berg hoch. Das Reisig ward angezündet, und als die Flamme recht hoch brannte, sagte die Frau: »Nun legt euch ans Feuer, ihr Kinder, und ruht euch aus, wir gehen in den Wald und hauen Holz. Wenn wir fertig sind, kommen wir wieder und holen euch ab.«

Hänsel und Gretel saßen am Feuer, und als der Mittag kam, aß jedes sein Stücklein Brot. Und weil sie die Schläge der Holzaxt hörten, so glaubten sie, ihr Vater wäre in der Nähe. Es war aber nicht die Holzaxt, es war ein Ast, den er an einen dürren Baum gebunden hatte und den der Wind hin und her schlug. Und als sie so lange gesessen hatten, fielen ihnen die Augen vor Müdigkeit zu, und sie schliefen fest ein. Als sie endlich erwachten, war es schon finstere Nacht. Gretel fing an zu weinen und sprach: »Wie sollen wir nun aus dem Wald kommen!« Hänsel aber tröstete sie: »Wart nur ein Weilchen, bis der Mond aufgegangen ist, dann wollen wir den Weg schon finden.« Und als der volle Mond aufgestiegen war, so nahm Hänsel sein Schwesterchen an der Hand und ging den Kieselsteinen nach, die schimmerten wie neu geschlagene Batzen und zeigten ihnen den Weg. Sie gingen die ganze Nacht hindurch und kamen bei anbrechendem Tag wieder zu ihres Vaters Haus. Sie klopften an die Tür, und als die Frau aufmachte und sah, daß es Hänsel und Gretel war, sprach sie: »Ihr bösen Kinder, was habt ihr so lange im Walde geschlafen, wir haben geglaubt, ihr wolltet gar nicht wiederkommen.« Der Vater aber freute sich, denn es war ihm zu Herzen gegangen, daß er sie so allein zurückgelassen hatte.

Nicht lange danach war wieder Not in allen Ecken, und die Kinder hörten, wie die Mutter nachts im Bette zu dem Vater sprach: »Alles ist wieder aufgezehrt, wir haben noch einen halben Laib Brot, hernach hat das Lied ein Ende. Die Kinder müssen fort, wir wollen sie tiefer in den Wald hineinführen, damit sie den Weg nicht wieder herausfinden; es ist sonst keine Rettung für uns.« Dem Mann fiel's schwer aufs Herz, und er dachte: »Es wäre besser, daß du den letzten Bissen mit deinen Kindern teiltest.« Aber die Frau hörte auf nichts, was er sagte, schalt ihn und machte ihm Vorwürfe. Wer A sagt, muß auch B sagen, und weil er das erstemal nachgegeben hatte, so mußte er es auch zum zweitenmal.

Die Kinder waren aber noch wach gewesen und hatten das Gespräch mit angehört. Als die Alten schliefen, stand Hänsel wieder auf, wollte hinaus und Kieselsteine auflesen, wie das vorigemal, aber die Frau hatte die Tür verschlossen, und Hänsel konnte nicht heraus. Aber er tröstete sein Schwesterchen und sprach: »Weine nicht, Gretel, und schlaf nur ruhig, der liebe Gott wird uns schon helfen.«

Am frühen Morgen kam die Frau und holte die Kinder aus dem Bette. Sie erhielten ihr Stückchen Brot, das war aber noch kleiner als das vorigemal. Auf dem Wege nach dem Wald bröckelte es Hänsel in der Tasche, stand oft still und warf ein Bröcklein auf die Erde. »Hänsel, was stehst du und guckst dich um«, sagte der Vater, »geh deiner Wege.« – »Ich sehe nach meinem Täubchen, das sitzt auf dem Dache und will mir ade sagen«, antwortete Hänsel. »Narr«, sagte die Frau, »das ist dein Täubchen nicht, das ist die Morgensonne, die auf den Schornstein oben scheint.« Hänsel aber warf nach und nach alle Bröcklein auf den Weg.

Die Frau führte die Kinder noch tiefer in den Wald, wo sie ihr Lebtag noch nicht gewesen waren. Da ward wieder ein großes Feuer angemacht, und die Mutter sagte: »Bleibt nur da sitzen, ihr Kinder, und wenn ihr müde seid, könnt ihr ein wenig schlafen: wir gehen in den Wald und hauen Holz, und abends, wenn wir fertig sind, kommen wir und holen euch ab.« Als es Mittag war, teilte Gretel ihr Brot mit Hänsel, der sein Stück auf den Weg gestreut hatte. Dann schliefen sie ein, und der Abend verging, aber niemand kam zu den armen Kindern. Sie erwachten erst in der finstern Nacht, und Hänsel tröstete sein Schwesterchen und sagte: »Wart nur, Gretel, bis der Mond aufgeht, dann werden wir die Brotbröckchen sehen, die ich ausgestreut habe, die zeigen uns den Weg nach Haus.« Als der Mond kam, machten sie sich auf, aber sie fanden kein Bröcklein mehr, denn die vieltausend Vögel, die im Walde und im Felde umherfliegen, die hatten sie weggepickt. Hänsel sagte zu Gretel: »Wir werden den Weg schon finden«, aber sie fanden ihn nicht. Sie gingen die ganze Nacht und noch einen Tag von Morgen bis Abend, aber sie kamen aus dem Wald nicht heraus, und waren so hungrig, denn sie hatten nichts als die paar Beeren, die auf der Erde standen. Und weil sie so müde waren, daß die Beine sie nicht mehr tragen wollten, so legten sie sich unter einen Baum und schliefen ein.

Nun war's schon der dritte Morgen, daß sie ihres Vaters Haus verlassen hatten. Sie fingen wieder an zu gehen, aber sie gerieten immer tiefer in den Wald, und wenn nicht bald Hilfe kam, so mußten sie verschmachten. Als es Mittag war, sahen sie ein schönes schneeweißes Vöglein auf einem Ast sitzen, das sang so schön, daß sie stehenblieben und ihm zuhörten. Und als es fertig war, schwang es seine Flügel und flog vor ihnen her, und sie gingen ihm nach, bis sie zu einem Häuschen gelangten, auf dessen Dach es sich setzte, und als sie ganz nah herankamen, so sahen sie, daß das Häuslein aus Brot gebaut war und mit Kuchen gedeckt; aber die Fenster waren von hellem Zucker. »Da wollen wir uns dranmachen«, sprach Hänsel, »und eine gesegnete Mahlzeit halten. Ich will ein Stück vom Dach essen, Gretel, du kannst vom Fenster essen, das schmeckt süß.« Hänsel reichte in die Höhe und brach sich ein wenig vom Dach ab, um zu versuchen, wie es schmeckte, und Gretel stellte sich an die Scheiben und knusperte daran. Da rief eine feine Stimme aus der Stube heraus:

»Knuper, knuper, kneischen,
wer knupert an meinem Häuschen?«

Die Kinder antworteten:

»Der Wind, der Wind,
das himmlische Kind«,

und aßen weiter, ohne sich irremachen zu lassen. Hänsel, dem das Dach sehr gut schmeckte, riß sich ein großes Stück davon herunter, und Gretel stieß eine ganze runde Fensterscheibe heraus, setzte sich nieder und tat sich wohl damit. Da ging auf einmal die Türe auf, und eine steinalte Frau, die sich auf eine Krücke stützte, kam herausgeschlichen. Hänsel und Gretel erschraken so gewaltig, daß sie fallen ließen, was sie in den Händen hielten. Die Alte aber wackelte mit dem Kopfe und sprach: »Ei, ihr lieben Kinder, wer hat euch hierhergebracht? Kommt nur herein und bleibt bei mir, es geschieht euch kein Leid.« Sie faßte beide an der Hand und führte sie in ihr Häuschen. Da war gutes Essen aufgetragen. Milch und Pfannekuchen mit Zucker, Äpfel und Nüsse. Hernach wurden zwei schöne Bettlein weiß gedeckt, und Hänsel und Gretel legten sich hinein und meinten, sie wären im Himmel.

Die Alte hatte sich nur so freundlich angestellt, sie war aber eine böse Hexe, die den Kindern auflauerte, und hatte das Brothäuslein bloß gebaut, um sie herbeizulocken. Wenn eins in ihre Gewalt kam, so machte sie es tot, kochte es und aß es, und das war ihr ein Festtag. Die Hexen haben rote Augen und können nicht weit sehen, aber sie haben eine feine Witterung, wie die Tiere, und merken's, wenn Menschen herankommen. Als Hänsel und Gretel in ihre Nähe kamen, da lachte sie boshaft und sprach höhnisch: »Die habe ich, die sollen mir nicht wieder entwischen.« Frühmorgens, ehe die Kinder erwacht waren, stand sie schon auf, und als sie beide so lieblich ruhen sah, mit den vollen roten Backen, so murmelte sie vor sich hin: »Das wird ein guter Bissen werden.« Da packte sie Hänsel mit ihrer dürren Hand und trug ihn in einen kleinen Stall und sperrte ihn mit einer Gittertüre ein; er mochte schreien, wie er wollte, es half ihm nichts. Dann ging sie zur Gretel, rüttelte sie wach und rief: »Steh auf, Faulenzerin, trag Wasser und koch deinem Bruder etwas Gutes, der sitzt draußen im Stall und soll fett werden. Wenn er fett ist, so will ich ihn essen.« Gretel fing an, bitterlich zu weinen, aber es war alles vergeblich, sie mußte tun, was die böse Hexe verlangte.
Nun ward dem armen Hänsel das beste Essen gekocht, aber Gretel bekam nichts als Krebsschalen. Jeden Morgen schlich die Alte zu dem Ställchen und rief: »Hänsel, streck deine Finger heraus, damit ich fühle, ob du bald fett bist.« Hänsel streckte ihr aber ein Knöchlein heraus, und die Alte, die trübe Augen hatte, konnte es nicht sehen, und meinte, es wären Hänsels Finger, und verwunderte sich, daß er gar nicht fett werden wollte. Als vier Wochen herum waren und Hänsel immer mager blieb, da übernahm sie die Ungeduld, und sie wollte nicht länger warten. »Heda, Gretel«, rief sie dem Mädchen zu, »sei flink und trag Wasser: Hänsel mag fett oder mager sein, morgen will ich ihn schlachten und kochen.« Ach, wie jammerte das arme Schwesterchen, als es das Wasser tragen mußte, und wie flossen ihm die Tränen über die Backen herunter! »Lieber Gott, hilf uns doch«, rief sie aus, »hätten uns nur die wilden Tiere im Wald gefressen, so wären wir doch zusammen gestorben.« – »Spar nur dein Geplärre«, sagte die Alte, »es hilft dir alles nichts.«
Frühmorgens mußte Gretel heraus, den Kessel mit Wasser aufhängen und Feuer anzünden. »Erst wollen wir backen«, sagte die Alte, »ich habe den Backofen schon eingeheizt und den Teig geknetet.« Sie stieß das arme Gretel hinaus zu dem Backofen, aus dem die Feuerflammen schon herausschlugen. »Kriech hinein«, sagte die Hexe, »und sieh zu, ob recht eingeheizt ist, damit wir das Brot hineinschieben können.«

Und wenn Gretel darin war, wollte sie den Ofen zumachen, und Gretel sollte darin braten, und dann wollte sie's auch aufessen. Aber Gretel merkte, was sie im Sinn hatte, und sprach: »Ich weiß nicht, wie ich's machen soll; wie komm ich da hinein?« – »Dumme Gans«, sagte die Alte, »die Öffnung ist groß genug, siehst du wohl, ich könnte selbst hinein«, krappelte heran und steckte den Kopf in den Backofen. Da gab ihr Gretel einen Stoß, daß sie weit hineinfuhr, machte die eiserne Tür zu und schob den Riegel vor. Hu! da fing sie an zu heulen, ganz grauselich; aber Gretel lief fort, und die gottlose Hexe mußte elendiglich verbrennen.

Gretel aber lief schnurstracks zum Hänsel, öffnete sein Ställchen und rief: »Hänsel, wir sind erlöst, die alte Hexe ist tot.« Da sprang Hänsel heraus, wie ein Vogel aus dem Käfig, wenn ihm die Türe aufgemacht wird. Wie haben sie sich gefreut, sind sich um den Hals gefallen, sind herumgesprungen und haben sich geküßt! Und weil sie sich nicht mehr zu fürchten brauchten, so gingen sie in das Haus der Hexe hinein, da standen in allen Ecken Kasten mit Perlen und Edelsteinen. »Die sind noch besser als Kieselsteine«, sagte Hänsel und steckte in seine Taschen, was hinein wollte, und Gretel sagte: »Ich will auch etwas mit nach Haus bringen«, und füllte sich sein Schürzchen voll. »Aber jetzt wollen wir fort«, sagte Hänsel, »damit wir aus dem Hexenwald herauskommen.« Als sie aber ein paar Stunden gegangen waren, gelangten sie an ein großes Wasser. »Wir können nicht hinüber«, sprach Hänsel, »ich sehe keinen Steg und keine Brücke.« – »Hier fährt auch kein Schiffchen«, antwortete Gretel, »aber da schwimmt eine weiße Ente, wenn ich die bitte, so hilft sie uns hinüber.« Da rief sie:

»Entchen, Entchen,
da steht Gretel und Hänsel.
Kein Steg und keine Brücke,
nimm uns auf deinen weißen Rücken.«

Das Entchen kam auch heran, und Hänsel setzte sich auf und bat sein Schwesterchen, sich zu ihm zu setzen. »Nein«, antwortete Gretel, »es wird dem Entchen zu schwer, es soll uns nacheinander hinüberbringen.« Das tat das gute Tierchen, und als sie glücklich drüben waren und ein Weilchen fortgingen, da kam ihnen der Wald immer bekannter und immer bekannter vor, und endlich erblickten sie von weitem ihres Vaters Haus. Da fingen sie an zu laufen, stürzten in die Stube hinein und fielen ihrem Vater um den Hals. Der Mann hatte keine frohe Stunde gehabt, seitdem er die Kinder im Walde gelassen hatte, die Frau aber war gestorben. Gretel schüttete sein Schürzchen aus, daß die Perlen und Edelsteine in der Stube herumsprangen, und Hänsel warf eine Handvoll nach der andern aus seiner Tasche dazu. Da hatten alle Sorgen ein Ende, und sie lebten in lauter Freude zusammen. Mein Märchen ist aus, dort lauft eine Maus, wer sie fängt, darf sich eine große, große Pelzkappe daraus machen.

Wenn die Märchen dem Kind von seiner Bezugsperson in der richtigen Weise erzählt werden, spiegeln sie die innere Welt des Kindes wider: seine unbewußten Ängste, Wünsche und Phantasien. Sie zeigen zugleich, welche Entwicklungsschritte zur Reifung des Kindes notwendig sind.

Bei diesem Märchen werde ich noch einmal ausführlich auf die Entwicklungsschritte, entsprechend dem Modell von Margret Mahler (siehe Kapitel 3), eingehen. Denn hier wird uns sehr plastisch die psychische Geburt der Kinder vor Augen geführt, indem sich die Stiefmutter der Kinder »entbindet«.

Das Märchen beginnt mit der allen Kindern unbewußt selbstverständlichen Erwartung, daß die Eltern für Nahrung, Kleidung, Wohnung usw. zuständig sind. Hiermit ist nicht nur die äußere Versorgung gemeint, sondern der Wunsch nach völliger, problemloser Geborgenheit, ähnlich wie im Mutterleib.

In *Hänsel und Gretel* will die Mutter diesen Zustand der Symbiose beenden. Für die Kinder bedeutet dies die totale Bedrohung, sie erleben die Mutter als böse. Aus der Sicht der Mutter jedoch wächst in diesem Alter die Empfindung, daß die von den Kindern gewünschte problemlose Einheit auf eine Trennung hinauslaufen muß. Hier greift das Märchen eine Erfahrung auf, die jedes Kind im Laufe der ersten Lebensjahre macht, und die ihm hier in Bildern und Worten vor Augen geführt wird, eine Erfahrung, die unmittelbar mit der Mutter als erster Bezugsperson verknüpft ist. Deshalb bleibt der Vater in diesem Märchen und bei dieser Entwicklungsthematik auch im Hintergrund.

Warum gelten Mütter als böse, schlecht, sogar als Stiefmütter, wenn sie die Trennung vom Kind einleiten wollen, um wieder etwas für sich zu tun? Viel Raum bleibt den Eltern von Hänsel und Gretel wirklich nicht, wenn sie selbst nachts im Bett belauscht werden. Schlimm ist eine Trennung vom Kind doch nur dann, wenn sie zu früh erfolgt. Wie alt mögen Hänsel und Gretel sein? Die Phantasie läßt genügend Spielraum vom 4jährigen Kind bis zum 15jährigen und darüber hinaus. Es läßt sich alles denken, dafür ist das Märchen offen.

Mahler unterscheidet verschiedene Unterphasen der Trennung, die für das Kind bedeutsam sind. Der erste Schritt ist mit etwa fünf bis zehn Monaten die Differenzierung. Hier empfindet das Kind bereits ein vages Gefühl des Getrenntseins von der Mutter, d. h. es nimmt ansatzweise wahr, daß beide nicht ein und dieselbe Person sind, sondern daß die Mutter auch ohne das Kind existieren kann.

Mit dieser Differenzierung setzt beim Kind die Trennungs- und Fremdenangst ein, die Angst, von den Eltern verlassen zu werden. Und diese Angst empfinden auch unsere Märchenhelden, als die den Plan der Eltern belauschen, sie auszusetzen.

Ein weiterer Schritt im Hinblick auf die Wahrnehmung der Trennung von der Mutter vollzieht sich in der »Übungsphase« mit etwa zwölf bis fünfzehn Monaten. Durch den aufrechten Gang und die Möglichkeit, sich fortzubewegen, verändert sich das »Weltbild« des Kindes. In dieser Phase macht es sich die Welt, durch Greifen und Begreifen verfügbar. Es probiert seine Unabhängigkeit aus und gerät geradezu in ein Liebesverhältnis mit der Welt, berauscht von seinen eigenen Möglichkeiten. Angst vor einer möglichen Gefahr oder Bedrohung kennt es zu diesem Zeitpunkt noch nicht.

Aber bald muß das Kind, das sich als Welteroberer erlebt, erkennen, daß es auf seinem Weg Hindernisse gibt, die sich ihm entgegenstellen. Wenn es z. B. unbekümmert und angstfrei auf den Tisch geklettert ist und herunterfällt, so erlebt es das als Erschütterung seines Größengefühls und sehnt sich nach der bergenden und schützenden Mutter aus der Zeit der Symbiose. Mahler nennt dies die Wiederannäherungskrise mit etwa achtzehn Monaten: das Kind stellt fest, »daß die Welt ihm nicht gehört, daß es mit ihr mehr oder weniger aus eigener Kraft fertig werden muß, sehr oft als ein relativ hilfloses, kleines, getrenntes Individuum, das Erleichterung oder Hilfe nicht einfach dadurch herbeirufen kann, indem es das Bedürfnis danach fühlt, ja nicht einmal, indem es dieses Bedürfnis lautstark äußert«.[6]

Das Kind will nun beides: Selbständigkeit und Geborgenheit. Die Psychoanalyse bezeichnet diese Zwiespältigkeit als Ambivalenz. Und genauso verhalten sich Hänsel und Gretel auch. Einerseits als »Welteroberer«, indem sie, am Haus der Hexe angekommen, sich ganz unbekümmert darüber hermachen, vom Dach und vom Fenster essen. Die feine Stimme, die fragt, wer am Häuschen knuspert, ignorieren sie einfach. Arglos und fasziniert von ihrem Tun antworten sie nur: »Der Wind, der Wind, das himmlische Kind.« Die Kinder essen vom Lebkuchenhaus, zerbrechen Dach und Fenster und zerstören damit die schützende Funktion des Hauses, indem sie sich daran »nähren«. Die eine Möglichkeit des symbolisch für die Mutter stehenden Knusperhäuschens, die Geborgenheit, vernichten sie, um die andere zu bekommen: die Nahrung.

Genau diese Dynamik erleben Mütter von Kindern in der Wiederannäherungskrise. Sie sind völlig entnervt von den widersprüchlichen Anforderungen, dem Geziehe und Gezerre des Kindes. Wollte es gerade noch alles alleine machen und auf keinen Fall auf den Schoß der Mutter, so will es genau dort jetzt um jeden Preis hin, um sich im nächsten Moment wieder loszureißen und sich dem Spiel, der Auseinandersetzung mit der Welt, hinzugeben. In dieser Zeit versucht das Kind alle erdenklichen Mechanismen, »um sich gegen sein faktisches Getrenntsein von der Mutter zu wehren und es ungeschehen zu machen«.[7]

Ähnlich geht es den Helden im Märchen, die erfahren müssen, daß sie zu Hause nicht bleiben können. An Hänsel und Gretel kann man zwei typische Verhaltensweisen von Kindern in dieser Entwicklungsphase beobachten. Gretel weint und trauert, weil der Verlust der häuslichen Geborgenheit und die Trennung von den Eltern bevorsteht. Sie empfindet sich als »hilfloses, kleines, getrenntes« Wesen, das sich auf seine eigenen Kräfte und Fähigkeiten konzentrieren muß. Hänsel hingegen wirkt ungerührt und gelassen, er ignoriert die Notwendigkeit der Trennung und die damit verbundenen Gefühle. Er wehrt sich gegen das Getrenntsein. Sein ganzes Tun und Denken ist auf die Erhaltung einer nicht mehr existierenden Familiensituation gerichtet.

Kinder, die dieses Märchen hören, können sich mit Hänsel oder Gretel identifizieren. Hänsel verkörpert ein Kind, das zunächst stark ist oder »sein muß«. Er zeigt keinerlei Angst und denkt nur an das, was er machen kann. Er ist zunächst logisch, vernünftig, denkt und handelt und ist in größter Gefahr. Gretel zeigt sich schwach, handlungsunfähig und verhält sich, wie man es früher Frauen häufig vorwarf: emotional. Aber, wie wir später sehen werden, kann sie dann, wenn höchste Not ist, sehr wohl handeln, adäquat reagieren und ist stark, vor allem auch bei der Heimfahrt.

Die Tatsache der Trennung bleibt allerdings bestehen, und die nächste Entwicklungsaufgabe des Kindes ist, daß es allmählich seine Illusionen von der elterlichen Allmacht aufgibt und lernt, seine »wahnhafte Vorstellung« von der eigenen Omnipotenz zu korrigieren. Diesen Prozeß wollen die Kinder unterlaufen, indem sie die verwöhnende und alles gewährende Mutter irgendwo in ihrer Außenwelt wiederzufinden versuchen. Es ist quasi ihr dritter Versuch, den ursprünglichen Zustand wiederherzustellen:

Hänsel und Gretel sehen zunächst in der Hexe diese gewünschte Mutter. An ihrem Häuschen nähren sie sich, ähnlich sorglos und selbstverständlich, wie sie es anfangs an der Brust der Mutter taten. Sie genießen das »gute Essen«, legen sich in »zwei schöne, weißgedeckte Bettlein« und meinen, »sie wären im Himmel«. Das Lebkuchenhaus läßt sich mit dem Uterus vergleichen, der gleichzeitig das »Haus« des ungeborenen Kindes ist und seinen Bewohner ernährt. Die Hexe will die Kinder auch in diesen Zustand zurückbringen, indem sie beabsichtigt, sie zu fressen.

Das Kind hat in dieser Zeit sowohl den Wunsch nach der

Wiedervereinigung mit dem Liebesobjekt Mutter als auch Angst, von diesem verschlungen zu werden. Aus der Sicht heraus läßt sich sehen, wie sehr eine sogenannte »gute Mutter der Verwöhnung« ihrem Kind schadet, indem sie es zu sehr an sich bindet und nicht in die Autonomie entläßt. Die »böse Mutter«, hier als Stiefmutter, die ihr Kind ins Leben drängt, verhilft ihm hingegen in die eigene Existenz.
In Hänsel und Gretel sehen wir Kinder, die sich, um der Trennungsangst zu entgehen, an die Eltern klammern, obwohl die Zeit gekommen ist, sich zu lösen. Beispielhaft fällt mir hier die Zeit des Kindergarteneintritts ein und wie vielen Kindern und Müttern diese Trennung große Angst bereitet. Besonders deutlich wird dies an dem Beispiel des dreijährigen Michael, der immer und immer wieder das Märchen von Hänsel und Gretel hören wollte. Am Tage seines endgültigen Kindergarteneintritts nahm er das einzige Mädchen der Kindergruppe, die er schon seit längerem kannte und die gleichzeitig mit ihm in den Kindergarten kam, an der Hand und sagte: »Komm, Tanja, wir spielen Hänsel und Gretel.« Hand in Hand verschwanden die beiden Kinder im Garten in den »Wald« vor den vielen anderen noch unbekannten Kindern. Die Mutter blieb an der Tür zurück mit dem Gefühl, ihr Kind ausgesetzt zu haben, da ihr Entschluß, den Sohn schon mit drei Jahren in den Kindergarten zu geben, von vielen »guten Müttern« hinterfragt wurde und sie sich wie eine »schlechte Mutter« fühlte. Aber sie wollte Michael zumindest stundenweise »los sein«, um wieder mehr Zeit für sich und das jüngere Kind zu haben. Der Preis dafür war das Gefühl, als »Stief- oder Rabenmutter« zu gelten.
Das Märchen von Hänsel und Gretel zeigt, daß sich der Wunsch nach totaler Versorgung in eine tödliche Abhängigkeit verkehren kann. Die Kinder werden gezwungen zu handeln. Hänsel sitzt im »Ställchen«, wie es bei seinen kleinkindhaften Bedürfnissen, gefüttert zu werden, auch noch angemessen ist. Er beginnt aber, im Moment der höchsten Gefahr nach vorne zu blicken, indem er der Hexe ein Knöchelchen statt eines Fingers entgegenstreckt.

Gretels Aktivität zeigt sich auf eine andere Art. Sie paßt sich scheinbar den Forderungen der Hexe an und stellt sich dabei dumm und hilflos, um diese in Sicherheit zu wiegen, was die Hexe zu dem »tödlichen Fehler« verleitet. Die Hexe in diesem Märchen symbolisiert einen Typ von Mutter, die ihre Kinder nicht loslassen kann, weil sie sie zum Fressen gern hat, und die darüber ihr eigenes Leben aufgibt. Diesen Weg wollte die Stiefmutter nicht gehen, sie trennte sich gewaltsam von den Kindern.

In der vierten Phase (24 bis 36 Monate) des Loslösungs- und Individuationsprozesses geht es um die Erringung einer spezifischen Individualität, die in mancher Beziehung ein ganzes Leben lang gleichbleibt. Außerdem erlangt das Kind ein gewisses Maß an Objektkonstanz, d. h. die kognitive Aneignung einer beständigen geistigen Vorstellung von der Mutter, wobei die »guten« und die »bösen« Anteile des geliebten Objektes vereinigt werden können.

Die Spaltung einer wirklichen Person in zwei, eine gute und eine böse, entspricht ganz dem kindlichen Denken und Erleben. Seiner ambivalenten, zwiespältigen Gefühlen wird es Herr, indem es eine gute Mutter gibt, die leider viel zu früh gestorben ist, und eine böse Mutter, eben die im Märchen häufig zu findende Stiefmutter. Ein Kind hat oft die Phantasie, es sei gar nicht das wirkliche Kind seiner Eltern, sondern die tatsächlichen Eltern seien viel besser. Durch eine tragische Verwechslung kam es den leiblichen Eltern abhanden, aber eines Tages werden sie es finden und in ihr wunderschönes Haus nehmen. Und dort, so malt es sich aus, wird es eben den paradiesischen Zustand finden, den es bei den derzeitigen Eltern entbehrt. Bei den eigentlichen Eltern wird es das Verständnis und die Wertschätzung erfahren, die ihm gebührt.

»Gut« ist für das Kind der, der tut, was es will, und »bös« ist der, der Forderungen stellt, Grenzen zieht und Enttäuschungen zufügt.

Die Individualität finden wir bei Hänsel und Gretel in der Phase nach dem Tod der Hexe. Die Kinder machen sich auf den Weg, auf die Suche nach einem Zuhause, das allerdings nicht mehr das versorgende Zuhause ist: die Kinder bringen ihre eigenen Schätze mit. Diese haben sie in der Begegnung mit der Hexe – als psychischen Wandlungsprozeß – gewonnen. Und in den Perlen und Edelsteinen zeigt sich, daß die Hexe neben der destruktiven Seite auch eine gebende hat.

Trotzdem bleibt hier das Märchenende, zumindest für die älteren Kinder oder die Erwachsenen, unbefriedigend. Die Kinder haben sich zwar weiterentwickelt und können sich auch zeitweise trennen, beispielsweise, wenn sie nacheinander den See auf dem Rücken der Ente überqueren. Aber es sieht so aus, als habe sich der Vater der Kinder nicht weiterentwickelt. Weder unterstützte er die Kinder gegenüber der »Stiefmutter«, noch verhalf er ihnen zu autonomen Handlungen. Passiv abwartend schildert ihn das Märchen.

Allerdings erleben gerade die jüngeren Kinder dies anders. Wie auch in anderen Märchen zeigt es nämlich dem Kind, daß es bei entsprechender Anstrengung Vater und Mutter überlegen sein kann. Das heißt, daß es nicht nur »so groß und stark« wie Mama und Papa werden, sondern vielleicht sogar noch mehr erreichen kann. Eine Zuversicht, die dem Kind gut tut, das sich tagtäglich als schwächer und »noch nicht groß genug« erleben muß. Den Unterlegenheitsgefühlen des Kindes werden hier positive Modelle gegenübergestellt, ebenso in dem Märchen *Der süße Brei (KHM 103),* aber auch in allen Dummlingsmärchen.

Nun sind Loslösung und Individuation kein einmaliges Geschehen im Leben eines Menschen, sondern Entwicklungsprozesse, die in allen Lebensabschnitten gefordert sind, d. h. die psychische Struktur arbeitet auf einer Zeitachse ständig nach diesem Ablauf. Dieser Wandlungsprozeß Symbiose – Trennung – Individuation findet sich nicht nur in Hänsel und Gretel, sondern in vielen Märchen und, als eines der wichtigsten Themen der Menschheit, in allen Mythen und Religionen. Das Märchen verleiht hier einer inneren Erfahrung des Kindes, aber auch des Erwachsenen, in Worten und Bildern Ausdruck; eine Erfahrung, wie sie sich in jeder Kultur auf jeweils spezifische Weise und in verschiedenen Altersstufen wiederfindet. Fällt die erste Loslösung und Individuation mit dem möglichen Eintrittsalter in den Kindergarten zusammen, so ist dieser Prozeß drei Jahre später erneut besonders stark gefordert, beim Übergang vom Kindergarten zur Schule, ebenso in den Entwicklungsabschnitten vom Kind zum Jugendlichen und vom Jugendlichen zum Erwachsenen. Auch hier liegt die Entwicklungsaufgabe darin, die Spannung von sich einerseits als getrenntes, eigenes Wesen zu erleben, und andererseits dem Verlangen nach Gemeinschaft, Übereinstimmung und Einssein ertragen zu können. In vielen Märchen spiegeln sich eben diese, an Hand des Mahlerschen Modells aufgezeigten Entwicklungsprobleme wider, die sowohl die Kinder als auch die Erwachsenen ansprechen.

Fundevogel
(KHM 51)

Es war einmal ein Förster, der ging in den Wald auf die Jagd, und wie er in den Wald kam, hörte er schreien, als ob's ein kleines Kind wäre. Er ging dem Schreien nach und kam endlich zu einem hohen Baum, und oben darauf saß ein kleines Kind. Es war aber die Mutter mit dem Kinde unter dem Baum eingeschlafen, und ein Raubvogel hatte das Kind in ihrem Schoße gesehen: da war er hinzugeflogen, hatte es mit seinem Schnabel weggenommen und auf den hohen Baum gesetzt.
Der Förster stieg hinauf, holte das Kind herunter und dachte: »Du willst das Kind mit nach Haus nehmen und mit deinem Lenchen zusammen aufziehn.« Er brachte es also heim, und die zwei Kinder wuchsen miteinander auf. Das aber, das auf dem Baum gefunden worden war, und weil es ein Vogel weggetragen hatte, wurde *Fundevogel* geheißen. Fundevogel und Lenchen hatten sich so lieb, nein so lieb, daß wenn eins das andere nicht sah, ward es traurig.
Der Förster hatte aber eine alte Köchin, die nahm eines Abends zwei Eimer und fing an, Wasser zu schleppen, und ging nicht einmal, sondern vielemal hinaus an den Brunnen. Lenchen sah es und sprach: »Hör einmal, alte Sanne, was trägst du denn so viel Wasser zu?« – »Wenn du's keinem Menschen wiedersagen willst, so will ich dir's

wohl sagen.« Da sagte Lenchen, nein, sie wollte es keinem Menschen wiedersagen, so sprach die Köchin: »Morgen früh, wenn der Förster auf die Jagd ist, da koche ich das Wasser, und wenn's im Kessel siedet, werfe ich den Fundevogel 'nein und will ihn darin kochen.«

Des andern Morgens in aller Frühe stieg der Förster auf und ging auf die Jagd, und als er weg war, lagen die Kinder noch im Bett. Da sprach Lenchen zum Fundevogel: »Verläßt du mich nicht, so verlaß ich dich auch nicht.« So sprach der Fundevogel: »Nun und nimmermehr.« Da sprach Lenchen: »Ich will es dir nur sagen, die alte Sanne schleppte gestern abend so viel Eimer Wasser ins Haus, da fragte ich sie, warum sie das täte, so sagte sie, wenn ich's keinem Menschen sagen wollte, so wollte sie es mir wohl sagen; sprach ich, ich wollte es gewiß keinem Menschen sagen; da sagte sie, morgen früh, wenn der Vater auf die Jagd wäre, wollte sie den Kessel voll Wasser sieden, dich hineinwerfen und kochen. Wir wollen aber geschwind aufsteigen, uns anziehen und zusammen fortgehen.«

Also standen die beiden Kinder auf, zogen sich geschwind an und gingen fort. Wie nun das Wasser im Kessel kochte, ging die Köchin in die Schlafkammer, wollte den Fundevogel holen und ihn hineinwerfen. Aber als sie hineinkam und zu den Betten trat, waren die Kinder alle beide fort; da wurde ihr grausam angst, und sie sprach vor sich: »Was will ich nun sagen, wenn der Förster heimkommt und sieht, daß die Kinder weg sind? Geschwind hinten nach, daß wir sie wieder kriegen.«

Da schickte die Köchin drei Knechte nach, die sollten laufen und die Kinder einlangen. Die Kinder aber saßen vor dem Wald, und als sie die drei Knechte von weitem laufen sahen, sprach Lenchen zum Fundevogel: »Verläßt du mich nicht, so verlaß ich dich auch nicht.« So sprach Fundevogel: »Nun und nimmermehr.« Da sagte Lenchen: »Werde du zum Rosenstöckchen und ich zum Röschen darauf.« Wie nun die drei Knechte vor den Wald kamen, so war nichts da als ein Rosenstrauch und ein Röschen oben drauf, die Kinder aber nirgend. Da sprachen sie: »Hier ist nichts zu machen«, und gingen heim und sagten der Köchin, sie hätten nichts in der Welt gesehen als nur ein Rosenstöckchen und ein Röschen oben darauf. Da schalt die alte Köchin: »Ihr Einfaltspinsel, ihr hättet das Rosenstöckchen sollen entzweischneiden und das Röschen abbrechen und mit nach Haus bringen, geschwind und tut's.« Sie mußten also zum zweitenmal hinaus und suchen. Die Kinder sahen sie aber von weitem kommen, da sprach Lenchen: »Fundevogel, verläßt du mich nicht, so verlaß ich dich auch nicht.« Fundevogel sagte: »Nun und nimmermehr.« Sprach

Lenchen: »So werde du eine Kirche und ich die Krone darin.« Wie nun die drei Knechte dahin kamen, war nichts da als eine Kirche und eine Krone darin. Sie sprachen also zueinander: »Was sollen wir hier machen, laßt uns nach Hause gehen.« Wie sie nach Haus kamen, fragte die Köchin, ob sie nichts gefunden hätten; so sagten sie, nein, sie hätten nichts gefunden als eine Kirche, da wäre eine Krone darin gewesen. »Ihr Narren«, schalt die Köchin, »warum habt ihr nicht die Kirche zerbrochen und die Krone mit heimgebracht?« Nun machte sich die alte Köchin selbst auf die Beine und ging mit den drei Knechten den Kindern nach. Die Kinder sahen aber die drei Knechte von weitem kommen, und die Köchin wackelte hinten nach. Da sprach Lenchen: »Fundevogel, verläßt du mich nicht, so verlaß ich dich auch nicht.« Da sprach der Fundevogel: »Nun und nimmermehr.« Sprach Lenchen: »Werde zum Teich und ich die Ente darauf.« Die Köchin aber kam herzu, und als sie den Teich sah, legte sie sich darüber hin und wollte ihn aussaufen. Aber die Ente kam schnell geschwommen, faßte sie mit ihrem Schnabel beim Kopf und zog sie ins Wasser hinein; da mußte die alte Hexe ertrinken. Da gingen die Kinder zusammen nach Haus und waren herzlich froh; und wenn sie nicht gestorben sind, leben sie noch.

Auch in diesem Märchen wird Kindern und Eltern ein zentrales Entwicklungsproblem vor Augen geführt. Fundevogel setzt allerdings in der kindlichen Entwicklung früher ein als *Hänsel und Gretel:* in der Zeit der kindlichen Abhängigkeit von der Mutter, wenn das Kind unselbständig ist, da es noch nicht alleine gehen, sich nicht ohne Hilfe in der Welt bewegen und auf sie zugehen kann. Im Gegensatz dazu stehen Hänsel und Gretel, die diesem Entwicklungsstadium schon entwachsen scheinen, und wo es eher um die Loslösung von zu Hause, den Schubs aus dem warmen Nest geht.
Fundevogel hat offensichtlich erst einmal kein solches Nest, wenngleich ein Vogel ihn auf einen Baum entführte. Fundevogel macht durch Schreien auf sich aufmerksam. Er kann seine Bedürfnisse nicht in Worten formulieren. Er ist noch in der Phase, in der Kinder ganz auf die Bedürfnisbefriedigung durch die Mutter angewiesen sind.
Im Märchen heißt es: »Es war aber die Mutter mit dem Kind

unter dem Baum eingeschlafen, und ein Raubvogel hatte das Kind in ihrem Schoße gesehen, da war er hinzugeflogen, hatte es mit seinem Schnabel weggenommen und auf den hohen Baum gesetzt.« Man könnte annehmen, daß die Mutter von Fundevogel ihrem Kind nicht die angemessene Geborgenheit geben konnte, die ein Menschenkind braucht. Im Gegensatz zum Tierjungen kommt das Menschenkind nach neunmonatiger Zeit »im Mutterschoß« unfertig auf die Welt, und es braucht die Zeit »auf dem Mutterschoß« bzw. in den haltenden Armen der Mutter, um sich zu entwickeln. Im Laufe der ersten Lebensjahre entfaltet es dann Fähigkeiten, die die meisten Säugetiere schon bei der Geburt mitbringen, z. B. selbständig die Futterquelle aufzusuchen.

Wir erfahren nicht, ob die Mutter von Fundevogel es bemerkt hat, daß ihr das Kind geraubt wurde. In dem Schreien des Kindes, das im Märchen zweimal erwähnt wird, drückt sich aus, wie schmerzhaft die erste Trennung für ein Kind von seiner Mutter ist, vor allem, wenn sie zu früh stattfindet. Reife ist in ersten Ansätzen dann erreicht, wenn das Kind sich selbst aktiv auf die Welt zubewegt. Die Gefühle und die Angst, die es bei der Trennung von seiner Bezugsperson erlebt, kann man vergleichen mit Todes- oder starken Verlustängsten von Erwachsenen. Der Raubvogel, der das Kind mit Gewalt aus dem Mutterschoß herausreißt, vor der Zeit, symbolisiert dies. Die Mutter-Kind-Symbiose ist aufgebrochen, das Einssein gestört.

Der Förster als guter Vater spürt die Gefahr, erkennt die Qual und die Angst des Kindes, was sich in dem »und kam endlich zu einem hohen Baum« im Wort »endlich« ausdrücken könnte. Ähnliches erleben Eltern eines Säuglings in der Erleichterung, wenn sein Weinen und Schreien durch Befriedigung des entsprechenden Bedürfnisses beendet werden konnte.

Auch der Förster, der das Kind vom Baum holt, scheint zu wissen, daß es keinen Menschen hat, der sich für es verantwortlich fühlt, und er beschließt sogleich, Fundevogel mit zu seinem Lenchen zu nehmen. Fundevogel ist noch längst nicht so weit, daß er, sich selbst überlassen, die Welt entdecken könnte wie andere Märchenhelden. Er braucht einen Entwicklungsschonraum, die Geborgenheit der Umwelt, und diese findet er im Försterhaus.

Die Kinder geben sich wechselseitig frühe Geborgenheit, was ihnen offensichtlich beiden fehlte. Lenchen hat zwar einen Vater, von einer Mutter hören wir nichts. Der Förster hat aber eine Köchin, die man als »nährende Mutter« von Lenchen ansehen kann. Die beiden Kinder gehen miteinander eine enge symbiotische Beziehung ein und holen quasi die »gute Symbiose« miteinander nach: »Fundevogel und Lenchen hatten sich so lieb, nein so lieb, daß wenn eins das andere nicht sah, ward es traurig.« Mit ähnlichen Worten kann man bei Erwachsenen eine Liebesbeziehung, aber auch die positive frühe Mutter-Kind-Beziehung charakterisieren. Vielen Müttern geht es so, daß sie nach wenigen Stunden der Trennung von ihrem Säugling eine ungeheure Sehnsucht nach ihrem Kind empfinden. Sehr viel stärker ausgeprägt ist dieses Gefühl beim Kind. Die Abhängigkeit des Kindes von seiner Mutter ist eine totale, da sie wesentlich existentieller ist als die emotionale Abhängigkeit der Mutter; diese ist manchmal sogar nur in Ansätzen oder, in Extremfällen, gar nicht vorhanden.

In dieser Geborgenheit, die sich Lenchen und Fundevogel wechselseitig geben, können sie aber nicht verbleiben. Das menschliche Leben geht weiter, und jeder muß einmal aus dieser Geborgenheit heraus, wenn er sich weiterentwickeln will und das Leben nicht stagnieren soll. In diesem Märchen ist es keine Stiefmutter, die diesem wohligen Beisammensein ein Ende setzt, sondern die Köchin. Die Köchin verkörpert den »nährenden« Teil des Mutterseins sehr stark. Diese Köchin will, ähnlich wie die Hexe bei Hänsel und Gretel, Fundevogel kochen und fressen. Ob sie ihn »zum Fressen gern hat«, oder ob sie wieder ihr Lenchen für sich haben will, bleibt offen.

Was ist Fundevogel eigentlich für ein Kind, ein Junge oder ein Mädchen? Hier kann man beobachten, daß jeder Märchenhörer oder -leser seine eigene Phantasie hat und das Märchen jedem seinen eigenen Spielraum gibt, indem es vieles nur andeutet,

das mit individuellen Erfahrungen, Gefühlen und Empfindungen gefüllt werden kann.
Für mich ist es ein Junge, weil Jungen sich erfahrungsgemäß stärker in der Gefahr befinden, von ihren Müttern »gefressen« zu werden. Lenchen wird ins Vertrauen gezogen, Gretel zur Arbeit angehalten, und beide haben dadurch mehr Möglichkeiten, aktiv und handlungsfähig zu bleiben. Beide Mädchen nehmen die Vorbereitungen der Hexe bzw. Köchin wahr, erkennen die Situation und können durch adäquates Handeln die Gefahr bezwingen. Wenngleich Lenchen dadurch auch in einen Gewissenskonflikt kommt: zwischen der Treue, dem Vertrauen der Köchin, der versorgenden Mutterfigur und dem geliebten Fundevogel.
Lenchen entscheidet sich für die Flucht nach vorne, den Schritt in die Loslösung und Individuation, statt Fundevogel, und damit auch sich selbst, der verschlingenden Symbiose zu überlassen. Wie schwierig dieser Schritt ist, drückt sich darin aus, daß sie sich immer wieder ihres Fundevogels versichert.
Vor jedem wesentlichen Schritt, den die beiden nun im folgenden tun, bestätigen sie sich immer wieder wechselseitig ihrer Liebe und Treue, indem Lenchen sagt: »Verläßt du mich nicht, so verlaß ich dich auch nicht«, und Fundevogel antwortet: »Nun und nimmermehr.« Auf diese Art und Weise gelingt es ihnen, nicht nur ihren Verfolgern zu entkommen, sondern sich sogar von der Hexe zu befreien, denn als solche stellt sich die Köchin am Ende heraus.
Dieses Sich-immer-wieder-Versichern finden wir in verschiedenen Stufen der kindlichen Entwicklung, beispielsweise beim Krabbelkind, wenn es beginnt, sich von der Mutter zu entfernen und immer wieder einen vergewissernden Blick nach hinten wirft; oder im »Beschatten« des Kindes in der Wiederannäherungsphase. Das Kind versichert sich, ähnlich wie Lenchen und Fundevogel, daß der Faden der Gefühlsverbindung nicht abreißt. Wir finden dies bei Erwachsenen, die sich immer wieder ihrer wechselseitigen Liebe versichern müssen. Ich sage müssen, weil eine jede Beziehung, sei es die Mutter-Kind-Bezie-

hung oder die von Erwachsenen, einmal in ein reiferes Stadium kommt, in der diese Liebe vom Kind internalisiert wird und es sich dieser sicher sein kann oder sein sollte.
Es handelt sich bei dem »Verläßt du mich nicht, verlaß ich dich auch nicht« um eine magische Formel oder sogenannte Spruchmagie, von der viele Kinder fasziniert sind; zudem es auch insgesamt viermal vorkommt und der genaue Wortlaut im Text immer eingehalten wird. Auch beim Erzählen sollte er gewahrt bleiben. Denn das entspricht, gerade bei jüngeren Kindern, einem wichtigen Bedürfnis nach Sicherheit und wenig Veränderung.
Abgesehen davon, daß alle Kinder eine Vorliebe für die Wiederkehr von liebgewonnenen Ritualen, Versen und Sprüchen haben, entwickeln viele Kinder eigene Spruchmagien oder Rituale, z. B. vor dem Zu-Bett-Gehen, indem ganz bestimmte Dinge aufgesagt oder erledigt werden müssen. Die Kinder können damit ihre Ängste vermindern und verschaffen sich so eigene gefühlsmäßige Sicherheiten (vgl. S. 17ff.).
Ablösungsschritte gelingen oft leichter, wenn man etwas Vertrautes mitnehmen kann, z. B. am ersten Kindergartentag ein Übergangsobjekt (vgl. S. 45ff.), den geliebten Stoffhasen oder ein Nuckeltuch. Dieses tritt an die Stelle der Mutter. Die beiden Kinder in unserem Märchen scheinen sich wechselseitig als Übergangsobjekt zu benutzen, um die schmerzhafte Loslösung vom Elternhaus zu überbrücken.
Ähnliches finden wir auch bei Jugendlichen oder Erwachsenen, die sich vom Elternhaus trennen, indem sie eine Partnerschaft eingehen. Eine solche Partnerschaft birgt aber schon gewisse Probleme in sich. Wird der andere, zunächst legitim, als Übergangsobjekt benutzt, um von zu Hause loszukommen, so kann es passieren, daß diese Partner an der Stelle, die sie ausfüllen mußten, stehenbleiben, und dann wird irgendwann eine Lösung vom Partner stattfinden. Dies geschieht real oft durch Scheidung oder einen neuen Partner.
Es gibt aber auch die Möglichkeit, die innere Trennung, die man von den Eltern nicht geschafft hat, zusammen oder mit

Hilfe des Partners zu durchlaufen, wenn sich die beiden nicht länger benutzen, sondern sich, vielleicht sogar wechselseitig, in eine neue Lebensform oder Autonomie »lieben« und »leben«.

In vielen Märchen lösen sich die Helden aus der Mutterbindung über die Liebesbeziehung zu einem andersgeschlechtlichen Partner, z. B. in *Rapunzel (KHM 12)* oder *Der liebste Roland (KHM 56)*. In beiden Fällen sind es Frauen, die mit Hilfe eines Mannes vor der Mutter fliehen. Im letztgenannten Märchen wird sehr deutlich, daß dieses Fliehen allein nicht für die Individuation genügt, es muß eine Verwandlung und Entwicklung stattfinden, um vom mütterlichen Einfluß freizukommen.

Manchmal lösen sich gerade Jugendliche, die noch nicht autonom genug sind, um allein zu leben, nicht durch einen anderen Partner von zu Hause, sondern durch eine Gruppe von Gleichgesinnten oder auch durch sektenartige Gruppierungen. Diese treten dann an die Stelle der Familie und können von ihren Regeln und Anforderungen her oft genauso vereinnahmend und verschlingend sein, wie die Mutter oder die Familie. Verhindern können Eltern eine solche Entwicklung eigentlich nur schwer, man kann ihr höchstens vorbeugen, indem man die autonome Entwicklung der Kinder unterstützt oder zumindest zuläßt. Dies ist nicht einfach, weil der Weg des Kindes zunächst meistens den elterlichen Vorstellungen und Wünschen entgegengesetzt verläuft. Fundevogel fehlte die »gute Mutter der Symbiose«, die ihrem Kind in die Autonomie verhilft, gleich zweifach. Er hatte keine Mutter der frühen Zeit, die ihr Kind freundlich »gehen läßt«, indem sie seine ersten Schritte in diese Autonomie mit Bewunderung und gleichzeitig mit einer gewissen Trauer begleitet. Fundevogels erste Mutter konnte ihn nicht halten. Die zweite Mutter, die Fundevogel in der Köchin findet, will ihn vollständig halten. Als »böse Mutter der Symbiose« faßt sie den Plan, ihn zu kochen und sich einzuverleiben. Dann kommt er wieder dahin, wo er schon einmal war, in den Mutterleib. Für die Mutter bedeutet diese Verschlingung einen enormen Machtzuwachs, sie hat sich des Kindes völlig bemächtigt. Unter Aufgabe des Eigenlebens kann das Kind vielleicht ein bequemes Leben führen, indem die Mutter »macht« und die »Macht« besitzt.

Viele Frauen und Mütter haben zumindest die Neigung, das geliebte Kind, bildlich gesprochen, aufzufressen, d. h. ihren Lebenshunger am Leben der Kinder zu stillen. In schwachen Ausprägungen können wir dies beobachten, wenn eine Mutter stolz darauf ist, für die Schwester der Tochter gehalten zu werden, und die Freunde der Tochter sich dann ihr zuwenden.

Was passiert aber mit dem Kind, zumal dann, wenn es sich bei Fundevogel um einen Jungen handeln sollte, wenn seine Mutter es nicht loslassen kann, sondern auf immer und ewig bei oder sogar in sich behalten will. Diese Söhne werden im realen Leben zu Männern, die nur einen Teil ihrer Männlichkeit entwickeln, denn sie bleiben Mann einer Mutter, und die Verbindung zu einer Frau ist somit blockiert. Als konkretes Beispiel aus meiner therapeutischen Praxis fällt mir dazu ein Patient ein, der bis zu seinem 35. Lebensjahr eng mit seiner Mutter zusammenlebte. Zu erwachsenen Frauen fand er keinen Kontakt, allenfalls zu jüngeren, teilweise sogar minderjährigen Mädchen, aber auch nur innerhalb der weiteren Familie. Als seine Mutter starb, heiratete er nur wenige Wochen später die Krankenschwester, die seine Mutter während der letzten Monate gepflegt hatte, eine mütterliche, fürsorgliche Frau. Nachdem diese Beziehung später schwierig wurde, die Frau sich durch ihre eigene Entwicklung veränderte und nicht mehr »Mutter« sein wollte, suchte der Mann therapeutische Hilfe. Sicherlich haben wir hier einen Extremfall für ein ungelebtes eigenes Leben vor uns. Es scheint auf der einen Seite so zu sein, daß die verschlingende Mutter die eigenen Lebensmöglichkeiten des Kindes zerstören will; auf der anderen Seite stellt aber gerade die eigene Infantilität und Verantwortungslosigkeit, die Sehnsucht zurückzusinken in den Zustand konfliktlosen Einsseins, die größte Gefahr dar.

Fundevogel zeigt, daß Fliehen allein nicht genügt, um den

eigenen Weg im Leben zu finden, sondern es geht um Gestaltung des eigenen »einmaligen« Lebenslaufes. Diese Entwicklung stellt sich hier in der Verwandlung der Kinder dar, bei ihrer magischen Flucht. Die Kinder verwandeln sich zunächst in Rosenstöckchen und Röschen, dann in Kirche und Krone und zuletzt in See und Ente. Spielerisch finden diese Verwandlungen statt, und sie erinnern an die Rollenspiele von Kindern, die mühelos in die Rolle von Vater und Mutter, Baby und Schulkind schlüpfen. Allerdings ist es bei Fundevogel und Lenchen kein Spiel, sondern die Verwandlung soll sie vor den Knechten retten, die sie im Auftrag der Köchin »einlangen« sollen. Aber vielleicht haben wir als Erwachsene oft falsche Vorstellungen, wie ernst ein Spiel für Kinder sein kann. Wir sehen nur die Leichtigkeit, mit der sie in verschiedene Rollen schlüpfen; aber was in den Kindern vorgeht und wie sie mit diesem Spiel auch viele Dinge, die schwer sind, bewältigen oder verarbeiten, nehmen wir weniger wahr. So fiel mir in einer Kindergartengruppe auf, daß lange Zeit die Mehrzahl der älteren Kinder immer nur Mutter sein wollte. Für die Rolle des Babys und Kindergartenkindes fanden sich auch immer Spielgefährten, die Vaterrolle war weder bei den Jungen noch bei den Mädchen begehrt.

In den meisten Familien sind eben überwiegend die Mütter für die Kinder da und bestimmen die für das Kind »großen Dinge« wie Anziehen, Essen oder Zu-Bett-Gehen. Das, was der Vater für die Familie tut, kann von den wenigsten Kindern beobachtet und somit auch nur schwer nachgespielt werden. Interessanterweise konnten die 5- bis 6jährigen, die sich immer um die Mutterrolle rissen, diese ein halbes Jahr vor der Einschulung abgeben. Auf einmal durften sogar 3½jährige Kinder Mutter oder Lehrer sein, und die 6jährigen spielten das Schulkind der Familie oder Schüler. Zwar gaben sie schon ausreichend Anweisungen, was die 3- bis 4jährigen mit den Schulkindern zu machen hätten, aber insgesamt ging es um die Verwandlung, das Ausprobieren des Kommenden, den neuen Ablösungsschritt von der Mutter, den die Einschulung bedeutet.

Was ist das eigentlich für eine Verwandlung, die hier mit Fundevogel und Lenchen vor sich geht? Zunächst fällt auf, daß Fundevogel im Rosenstöckchen und im See mehr die »tragende« Rolle zukommt. Lenchen, mit offensichtlich mehr Ahnungsvermögen in bezug auf Gefahr, ist die Inspirierende und hat die erforderliche Phantasie, um die Verwandlung einzuleiten. Sie findet dann aber bei Fundevogel Halt und Geborgenheit in dem Symbol der »Mutter-Kirche«. War sie vorher mehr die Haltende, quasi als dritte und gute Mutter von Fundevogel, so wird sie jetzt gehalten. Darin drückt sich die Wechselseitigkeit der Beziehung aus, vielleicht als Ideal einer Beziehung, in der ein wechselndes Geben und Nehmen stattfindet und nicht nur einer die ganze Beziehung trägt.
Dieses Märchen enthält viele Bilder, mit denen Kindern nahegebracht werden kann, wozu eine innere Abhängigkeit von der Mutter, über ein gewisses Entwicklungsstadium hinaus, führt. Besondes plastisch ist das Bild vom Aussaufen des Sees, das die Omnipotenz der Mutter ausdrückt, ein Kind dahin zurückzuholen, wo es einmal war, in den Uterus.
Am Schluß des Märchens ertrinkt die Köchin bzw. Hexe quasi in ihren eigenen Kindern. Für Eltern könnte in diesem Bild deutlich werden, was geschieht, wenn man die Kinder nicht in die Autonomie entläßt. Es bewirkt, daß die Entwicklung des Lebens von Mutter und Vater nicht weiter-, sondern untergeht. Ein Loslassen der Kinder kann für beide das Erreichen einer neuen Stufe ihrer Partnerschaft bedeuten. Den Raum, den lange Zeit die Kinder für sich eingenommen haben, müssen sie dann allerdings neu füllen und gestalten.
Man mag sich fragen, warum es in so vielen Märchen eine Stiefmutter, eine Köchin oder eine Hexe ist, die für die Mutter steht.
Als die Brüder Grimm die Märchen erstmals handschriftlich sammelten, fügten sie statt der Mutter die Stiefmutter ein, einfach, weil eine »gute Mutter« so nicht ist, die schickt ihre Kinder nicht grausam ins Leben hinaus – wenigstens nicht im Denken der bürgerlichen Gesellschaft vor zweihundert Jahren.

Zum anderen hängt es sicherlich auch mit unserer christlichen Kultur und dem Gebot »du sollst Vater und Mutter ehren ...« zusammen.
Daß es im Märchen nicht die Mutter ist, sondern eine Gestalt, die mütterliche Züge trägt, erleichtert es den Kindern, sich mit den Märchenhelden zu identifizieren und dieser Frau nur alles erdenklich Böse zu wünschen, was sich am Schluß auch erfüllt. Handelte es sich im Märchen um die Mutter, so wären stärkere gefühlsmäßige, aber auch erziehungsbedingte Schranken abzubauen, weil man so etwas mit seiner Mutter nicht tut. Nur ganz kleine Kinder können in der Regel ihre unverhohlene Wut gegenüber der Mutter ausdrücken, z. B. »ich mach dich tot«, oder »ich zaubere dich weg«. In der Regel entgegnen dann viele Eltern, »das sagt man aber zu seiner Mutter nicht«.
Fundevogel erscheint mir besonders gut geeignet als Loslösungsmärchen für Kinder im Alter von fünf Jahren, vorausgesetzt, sie sind schon etwas mit Märchen und Geschichten vertraut. Denn gerade in dieser Zeit, in der das Kind noch bewußt die Nähe zur Mutter erlebt, braucht es Märchen und Geschichten, deren Inhalt sich mit der Ablösung von der Mutter befassen und das Kind zur der Welt hinführen, die jenseits der mütterlichen Grenzen liegt. Solche Märchen sind u. a. *Sterntaler (KHM 153), Hänsel und Gretel (KHM 15),* auch *Rotkäppchen (KHM 26),* das allerdings wieder zur Mutter zurückkehrt.
In *Fundevogel* kann das Kind eine Herausforderung erleben, da Entwicklungskrisen gekennzeichnet sind, aber es vermag auch Bilder des Trostes und des Schutzes darin zu finden, zumal die Kinder dieser Geschichte sehr ernst genommen werden.

Das Eselein

(KHM 144)

Es lebte einmal ein König und eine Königin, die waren reich und hatten alles, was sie sich wünschten, nur keine Kinder. Darüber klagte sie Tag und Nacht und sprach: »Ich bin wie ein Acker, auf dem nichts wächst.« Endlich erfüllte Gott ihre Wünsche: als das Kind aber zur Welt kam, sah's nicht aus wie ein Menschenkind, sondern war ein junges Eselein. Wie die Mutter das erblickte, fing ihr Jammer und Geschrei erst recht an, sie hätte lieber gar kein Kind gehabt als einen Esel und sagte, man sollt ihn ins Wasser werfen, damit ihn die Fische fräßen. Der König aber sprach: »Nein, hat Gott ihn gegeben, soll er auch mein Sohn und Erbe sein, nach meinem Tod auf dem königlichen Thron sitzen und die königliche Krone tragen.« Also ward das Eselein aufgezogen, nahm zu, und die Ohren wuchsen ihm auch fein hoch und gerad hinauf. Es war aber sonst fröhlicher Art, sprang herum, spielte und hatte besonders seine Lust an der Musik, so daß es zu einem berühmten Spielmann ging und sprach: »Lehre mich deine Kunst, daß ich so gut die Laute schlagen kann als du.« – »Ach, liebes Herrlein«, antwortete der Spielmann, »das sollt Euch schwerfallen, Eure Finger sind nicht allerdings dazu gemacht und gar zu groß; ich sorge, die Saiten halten's nicht aus.« Es half keine Ausrede, das Eselein wollte und mußte die Laute schlagen, war beharrlich und fleißig und lernte es am Ende so gut als sein Meister selber. Einmal ging das junge Herrlein nachdenksam spazieren und kam an einen Brunnen, da schaute es hinein und sah im spiegelhellen Wasser seine Eseleinsgestalt. Darüber war es so betrübt, daß es in die weite Welt ging und nur einen treuen Gesellen mitnahm. Sie zogen auf und ab, zuletzt kamen sie in ein Reich, wo ein alter König herrschte, der nur eine einzige, aber wunderschöne Tochter hatte. Das Eselein sagte: »Hier wollen wir weilen«, klopfte ans Tor und rief: »Es ist ein Gast haußen, macht auf, damit er eingehen kann.« Als aber nicht aufgetan ward, setzte er sich hin, nahm seine Laute und schlug sie mit seinen zwei Vorderfüßen aufs lieblichste. Da sperrte der Türhüter gewaltig die Augen auf, lief zum König und sprach: »Da draußen sitzt ein junges Eselein vor dem Tor, das schlägt die Laute so gut als ein gelernter Meister.« – »So laß mir den Musikant hereinkommen«, sprach der König. Wie aber ein Eselein hereintrat, fing alles an, über den Lautenschläger zu lachen. Nun sollte das Eselein unten zu den Knechten gesetzt und gespeist werden, es ward aber unwillig und sprach: »Ich bin kein gemeines

Stalleselein, ich bin ein vornehmes.« Da sagten sie: »Wenn du das bist, so setze dich zu dem Kriegsvolk.« – »Nein«, sprach es, »ich will beim König sitzen.« Der König lachte und sprach in gutem Mut: »Ja, es soll so sein, wie du verlangst, Eselein, komm her zu mir.« Danach fragte er: »Eselein, wie gefällt dir meine Tochter?« Das Eselein drehte den Kopf nach ihr, schaute sie an, nickte und sprach: »Aus der Maßen wohl, sie ist so schön, wie ich noch keine gesehen habe.« – »Nun, so sollst du auch neben ihr sitzen«, sagte der König. »Das ist mir eben recht«, sprach das Eselein und setzte sich an ihre Seite, aß und trank und wußte sich fein und säuberlich zu betragen. Als das edle Tierlein eine gute Zeit an des Königs Hof geblieben war, dachte es: »Was hilft das alles, du mußt wieder heim«, ließ den Kopf traurig hängen, trat vor den König und verlangte seinen Abschied. Der König hatte es aber liebgewonnen und sprach: »Eselein, was ist dir? Du schaust ja sauer, wie ein Essigkrug; bleib bei mir, ich wir dir geben, was du verlangst. Willst du Gold?« – »Nein«, sagte das Eselein und schüttelte mit dem Kopf. »Willst du Kostbarkeiten und Schmuck?« – »Nein.« – »Willst du mein halbes Reich?« – »Ach nein.« Da sprach der König. »Wenn ich nur wüßte, was dich vergnügt machen könnte: willst du meine schöne Tochter zur Frau?« – »Ach ja«, sagte das Eselein, »die möchte ich wohl haben«, war auf einmal ganz lustig und guter Dinge, denn das war's gerade, was es sich gewünscht hatte. Also ward eine große und prächtige Hochzeit gehalten. Abends, wie Braut und Bräutigam in ihr Schlafkämmerlein geführt wurden, wollte der König wissen, ob sich das Eselein auch fein artig und manierlich betrüge, und hieß einem Diener, sich dort verstecken. Wie sie nun beide drinnen waren, schob der Bräutigam den Riegel vor die Tür, blickte sich um, und wie er glaubte, daß sie ganz allein wären, da warf er auf einmal seine Eselshaut ab und stand da als ein schöner königlicher Jüngling. »Nun siehst du«, sprach er, »wer ich bin, und siehst auch, daß ich deiner nicht unwert war.« Da ward die Braut froh, küßte ihn und hatte ihn von Herzen lieb. Als aber der Morgen herankam, sprang er auf, zog seine Tierhaut wieder über, und hätte kein Mensch gedacht, was für einer dahintersteckte. Bald kam auch der alte König gegangen. »Ei«, rief er, »ist das Eselein schon munter! Du bist wohl recht traurig«, sagte er zu seiner Tochter, »daß du keinen ordentlichen Menschen zum Mann bekommen hast?« – »Ach nein, lieber Vater, ich habe ihn so lieb, als wenn er der allerschönste wäre, und will ihn mein Lebtag behalten.« Der König wunderte sich, aber der Diener, der sich versteckt hatte, kam und offenbarte ihm alles. Der König sprach: »Das ist nimmermehr wahr.« – »So wacht selber die folgende Nacht, Ihr werdet's mit eigenen Augen sehen, und wißt Ihr was, Herr König, nehmt ihm die Haut weg und werft sie ins Feuer, so muß er sich wohl in seiner rechten Gestalt zeigen.« – »Dein Rat ist gut«, sprach der König, und abends, als sie schliefen, schlich er sich hinein, und wie er zum Bett kam, sah er im Mondschein einen stolzen Jüngling da ruhen, und die Haut lag abgestreift auf der Erde. Da nahm er sie weg und ließ draußen ein gewaltiges Feuer anmachen und die Haut hineinwerfen und blieb selber dabei, bis sie ganz zu Asche verbrannt war. Weil er aber sehen wollte, wie sich der Beraubte anstellen würde, blieb er die Nacht wach und lauschte. Als der Jüngling ausgeschlafen hatte, beim ersten Morgenschein, stand er auf und wollte die Eselshaut anziehen, aber sie war nicht zu finden. Da erschrak er und sprach voll Trauer und Angst: »Nun muß ich sehen, daß ich entfliehe.« Wie er hinaustrat, stand aber der König da und sprach: »Mein Sohn, wohin so eilig, was hast du im Sinn? Bleib hier, du bist ein schöner Mann, du sollst nicht wieder von mir. Ich gebe dir jetzt mein Reich halb, und nach meinem Tod bekommst du es ganz.« – »So wünsch ich, daß der gute Anfang auch ein gutes Ende nehme«, sprach der Jüngling, »ich bleibe bei Euch.« Da gab ihm der Alte das halbe Reich, und als er nach einem Jahr starb, hatte er das ganze, und nach dem Tod seines Vaters noch eins dazu, und lebte in aller Herrlichkeit.

Im Eselein haben wir ein Kind vor uns, das, trotz schlechtem Start ins Leben, seinen Weg geht. Zwar mangelt es nicht an den materiellen Voraussetzungen, aber es fehlt die mütterliche Liebe, die Geborgenheit und das Angenommensein, so wie es ist.
In der Ausgangssituation findet sich ein Paar, das alles hat, was es sich wünscht, nur keine Kinder. Die Königin erlebt dies als einen solchen Mangel, daß sie Tag und Nacht klagt und offensichtlich nichts anderes im Sinn hat, als ein Kind zu haben. Keine Kinder haben oder keine zu bekommen, wenn es nicht eine bewußte Entscheidung ist, deutet oft auf ein Problem hin, sei es in der Beziehung oder bei einem der Partner. Sinnvoll wäre, dem Sinn der Kinderlosigkeit nachzugehen, dem, was in dieser Beziehung blockiert, daß sie nicht fruchtbar werden kann. Statt dessen wird die Trauer darüber durch ein unbedingtes Habenwollen und -müssen verdeckt. Ich denke an ein Paar, das sich, nachdem die Ehe kinderlos blieb, therapeutische Hilfe

suchte, da die Beziehung deswegen zu scheitern drohte. Dieses Paar konnte miteinander erarbeiten, was in der Beziehung stagnierte, daß sie nicht schöpferisch werden, d. h. nichts Neues, Eigenes hervorbringen konnte. Heute wird es vielen kinderlosen Paaren durch die Medizin leichtgemacht, nicht darüber nachzudenken, was dieser auferlegte Verzicht eigentlich bedeutet. Das Kinder-»Haben« wird medizinisch möglich gemacht, ohne vielleicht wirklich »Eltern zu sein« und die Bedeutung dessen zu überdenken. Die Leidtragenden sind die Kinder, die um jeden Preis gewollt waren, so wie im Märchen das Eselein. Manchmal müssen Kinder unbedingt sein, weil sich dann die Frau in der Gesellschaft, in der sie lebt, existenzberechtigter fühlen kann. Kinder werden dann zum Identitätsersatz von Müttern, die ihre eigene Ablösung noch nicht gelebt haben. Aber wie so oft im Leben, wenn man sich zu sehr auf eine Sache versteift, sie unbedingt durchsetzen und haben will, ist die Enttäuschung groß, wenn es doch nicht so wird wie gewünscht. Solche um jeden Preis herbeigewünschten Kinder treten häufig ein schweres Erbe an. Hier finden wir im Märchen quasi als vorwissenschaftliche Psychologie die Erfahrungsweisheit, daß es nicht unabhängig von der Einstellung der Eltern ist, welches Kind sie bekommen.

Diese Mutter ist so enttäuscht von ihrem Kind, das statt als Menschenkind als junges Eselein auf die Welt kommt, daß sie ihm den Tod wünscht. Sicherlich gibt uns hier das Märchen ein sehr extremes Bild, ein Esel an Stelle eines Menschenkindes. Aber wie oft geht es Eltern so, daß das lang ersehnte Wunschkind sich ganz anders darstellt als erwartet. Der »Stammhalter«, der das Geschäft übernehmen soll, ist »nur« ein Mädchen, die kleine Carmen, von der die Eltern träumten, wird blond und blauäugig.

Die Entwicklung eines Menschen aber beginnt damit, und das ist die erste schwierige Aufgabe für alle Eltern, sich auf dieses einzigartige Kind, so wie es ist, einzulassen, und sei es im Extremfall auch mit einer Behinderung. Im Märchen wie

in Träumen stehen körperliche Mißbildungen oft für psychische Fehlentwicklungen.
Eltern im eigentlichen konstruktiven Sinne zu sein heißt, sich auf die in jeder Entwicklungsphase sich ändernden Bedürfnisse eines Kindes einzulassen und anzupassen, bzw. auch die entsprechenden Grenzen zu setzen.
Das Kind in seiner Eigenart anzunehmen, ist meist schwerer, wenn es Züge und Verhaltensweisen entwickelt, die wir an uns selbst nicht leiden können, sei es bewußt oder unbewußt. Das Eselein bringt ja in seinem »Eselsein« eine gewisse Sturheit, aber auch eine bestimmte Form der Ausdauer und der Beharrlichkeit mit auf die Welt, die wir schon bei seiner Mutter kennengelernt haben, die nicht lockerließ, bis sie ein Kind hatte.
Im folgenden wollen wir nun sehen, wie sich ein solches Kind, dem die frühe Mutter-Kind-Symbiose fehlt, im Märchen entwickelt. Dieses Kind hat glücklicherweise einen Vater, der zu ihm steht und ihm auch nach seinem Tod die königliche Krone weitergeben will. Er rettet es vor dem Tod und läßt es großziehen. Die äußerliche Versorgung des Eseleins ist ganz offensichtlich gewährleistet. »Also ward das Eselein aufgezogen, nahm zu, und die Ohren wuchsen ihm auch fein hoch und grad hinauf.« Von einer Bemutterung im seelischen Sinn erfahren wir allerdings nichts. Trotzdem war das Eselein »sonst fröhlicher Art, sprang herum, spielte und hatte besonders seine Lust an der Musik«.
Man hat den Eindruck, das Eselein hat etwas gefunden, seine Emotionen zu leben, indem es sie zu Musik werden läßt: ein kreativer Akt für den Umgang mit Problemen. Einen solchen in Krisensituationen ausführen zu können, ist eine Überlebenschance.
Über diese neuentdeckte Seite sucht es Kontakt zu einer anderen Bezugsperson, dem Lehrmeister, bei dem es die Kunst des Lautenschlagens erlernen will.
Das Eselein hat keine Schwierigkeiten, sich von den Eltern abzulösen, wie das in den beiden anderen Märchen der Fall

war. Sowohl in dieser Situation wie auch später, als es sich entschließt, ein »anderes Reich zu suchen«, ist das Weggehen nicht das Problem. In diesem Märchen geht es nicht um die Loslösung aus einer Beziehung, sondern eher darum, überhaupt eine solche zu finden und die Nähe zu einem anderen Menschen zu erleben. Das Eselein hat die besondere Bindung, die Kinder für ihre Entwicklung so notwendig brauchen, gar nicht erfahren.

Es gibt häufig Kinder, die diese frühe Mutter-Kind-Symbiose nicht erfahren, sei es, weil die Mutter real nicht vorhanden ist und sie in einem Heim aufwachsen, oder weil die Mutter oder Bezugsperson nicht in der Lage war, eine solche herzustellen.

Bei solchen »verlassenen« Kindern kann man beobachten, daß die Phase der Welteroberung ganz ausfällt, weil sie keine Heimatbasis besitzen, von der aus sie zuversichtlich ihre Erkundungen beginnen können. Diese Kinder haben kein Vertrauen in sich und in die Welt und leben die Übungsphase erst gar nicht. Andere Kinder, ohne verläßliche Beziehung, können sich in dieser Entwicklungsphase zu weit weg von der Betreuungsperson wagen. Diese Kinder werfen nicht den versichernden Blick nach hinten, halten nicht den Kontakt, den sie noch brauchen, und sind dadurch stärker in der Gefahr verlorenzugehen oder etwas zu erleiden. Manchmal findet man Kinder, die in ihren ersten beiden Lebensjahren ungemein viele Unfälle haben: vom Tisch fallen, mit dem Stuhl umkippen, die Treppe hinabfallen usw. Dies sind oft Kinder, die ihre gefühlsmäßige Trennung von der Mutter und die motorischen Möglichkeiten des »Ausgreifens« nicht gut in Einklang gebracht haben. Der Drang, weg von der Bezugsperson in die Welt, steht in keinem Verhältnis zu den zur Verfügung stehenden Mitteln. Oder aber das gefühlsmäßige Band zur Mutter konnte gar nicht oder nicht gut genug geknüpft werden, und es zerreißt bei den ersten Versuchen, in die Welt hinauszugehen oder erst einmal zu krabbeln, mit dem sicheren emotionalen Schutz der Mutter im Hintergrund. Dieses unsichtbare, emotionale Band zwischen

Mutter und Kind tritt an die Stelle der Nabelschnur und hat genau die im psychischen Sinne nährende Funktion.
Auch die neue Bezugsperson, der Meister, ist zunächst einmal nicht sehr unterstützend und ermutigend. Er drückt es sehr zurückhaltend und vorsichtig aus. An dieser Stelle geschieht, was man oft bei Kindern, von denen nicht viel oder gar nichts erwartet wird, beobachten kann. Sie mobilisieren ungeheure Kräfte, sind ehrgeizig, motiviert und erreichen ihr Ziel. Was keiner je gedacht oder gedanklich erwogen hätte, tritt tatsächlich ein.
Umgekehrt sind es häufig die Erwartungen an die Kinder, die zum Hemmschuh der Entwicklung werden können. So gelten viele Kinder als »mißraten«, weil sie dem »Rat« der Eltern, d. h. deren Ansprüchen und Erwartungen, nicht entsprechen. Dies geschieht um so leichter, je früher ein Kind von seinen Eltern erwartungsgemäß festgelegt wird: Eltern wünschen sich einen Sohn, der das Geschäft später übernimmt; andere wollen einen Sohn, der einmal Schauspieler werden soll, da es dem Vater verwehrt blieb; und wieder andere eine Tochter, die Klavier spielen lernen soll, was sich die Mutter immer erträumte. Diese Wünsche und Phantasien an die Kinder sind als solche legitim, nur müssen die Eltern sie flexibel auf das jeweilige Kind und seine Möglichkeiten übertragen. Zu starke Erwartungen an Kinder führen bei vielen zur psychischen Verweigerung, indem sie dann wirklich nichts mehr können, »dumm« sind, was aber nicht an ihrer Intelligenz oder Begabung liegt. Daneben gibt es noch andere Möglichkeiten der Abgrenzung von den übermäßigen Erwartungen der Eltern. Viele Kinder oder Jugendliche weichen aus, indem sie einen Gegenkurs einschlagen, sei es in der politischen Meinung oder in der Berufswahl. Jede Zeit hat ihre spezifischen Protestbewegungen Jugendlicher oder junger Erwachsener.
Darin drückt sich aus, daß Kinder ihren eigenen Weg gehen und ihre eigene Entwicklung in die Hand nehmen müssen. Das bedeutet immer, erst einmal weg von den Eltern, zunächst besonders von der Mutter, aber später auch vom Vater. Wo die

Ablösung innerlich nicht so gut gelingt, sei es bedingt durch die Eltern oder durch das Kind, muß dies äußerlich stärker manifestiert werden. Die innerlich nicht oder noch nicht gelungene Ablösung kann äußerlich durch eine extreme Form der Kleidung demonstriert werden. Darüber kann sich ausdrücken: mit euch und euren Erwartungen von ordentlichem Aussehen habe ich nichts zu tun.

Dieses Problem hat das Eselein nicht. Von ihm wird nichts erwartet. Aber es hat dafür ein anderes Problem, es ist nämlich allein und einsam, und daran ändert auch das Erreichen des Ziels, die Laute zu schlagen, nichts.

Im spiegelhellen Wasser eines Brunnens sieht es seine Eseleinsgestalt, d. h. die Gestalt eines abgelehnten, nicht geliebten Kindes. »Da ward es so betrübt, daß es in die weite Welt ging und nur einen getreuen Gesellen mitnahm.« Erstmals wird die Trauer spürbar, über das Allein- und Nicht-Angenommen-Sein. In einem anderen Reich versucht es aufs neue sein Glück. Aber auch hier wird es nicht mit offenen Armen aufgenommen, wie es sich wohl gewünscht und ersehnt hatte. Nachdem sich die Türen nicht von selbst öffnen, wie schon in der Anfangssituation keine offenen Arme bereit waren, und auch auf sein Klopfen hin keiner aufmacht, da zeigt sich wieder seine Beharrlichkeit. Es gelingt ihm, durch sein Können und über Anstrengung, Aufmerksamkeit zu bekommen. Aber diese ist nicht nur eindeutig positiv und bewundernd bezüglich seines Lautenspiels, sondern auch negativ, d. h. es wird verlacht, und es soll zu den Knechten gesetzt und dort »gespeist« oder sogar »abgespeist« werden. Hier wird das Eselein unwillig und kämpft um den Platz, den es haben will, nämlich beim König. Man kann den Eindruck gewinnen, daß das Eselein hier versucht, sich das zu holen, was ihm früher verweigert wurde: Nähe und Kontakt zum König. Das Eselein erinnert an Kinder, die sich zu Hause viele Dinge nicht trauen oder dürfen und dies dann stellvertretend mit der Erzieherin im Kindergarten oder dem Lehrer in der Schule ausleben, wenn diese sich dafür anbieten. Über den Kontakt zum König kommt das Eselein dem Märchen zufolge

auch zum erstenmal in den vielleicht lang ersehnten Kontakt mit einer Frau, der Königstochter. Ihre Nähe ist ihm offensichtlich sehr viel wert, denn es weiß sich »fein und säuberlich« zu betragen. Man kann vermuten, daß sich das Eselein sehr anstrengt, um sich ihre Gunst und damit ihre Nähe zu erhalten. Aber beziehungsmäßig geht es zwischen den beiden nicht weiter. Jedenfalls scheint dies das Eselein auch so zu empfinden, daß irgend etwas noch passieren muß, damit eine Veränderung eintritt. »Was hilft das alles, du mußt wieder heim«, denkt es und läßt traurig den Kopf hängen. Dies kann auf das Gespür des Eseleins deuten, daß sein eigentliches Problem in der Beziehung zu seinen Eltern begründet liegt. Hier sind die Wurzeln für seine Beziehungslosigkeit zu suchen, und daran muß sich erst etwas verändern. Die Liebe des Königs, seine Angebote, können ihm bei diesem Entwicklungsschritt nicht helfen, da es ihm nicht ohne weiteres möglich ist, aus seiner alten Haut zu kommen und in eine neue zu schlüpfen. Der König bietet ihm alles mögliche an, um das Eselein aus seiner Depression herauszuholen, zunächst einmal materielle Dinge, nur, um es wieder »vergnügt zu machen«. Aber daß dies mit materiellen Dingen allein nicht gelingt, zeigte uns schon die Ausgangssituation des Märchens. Gut und Geld, eine materiell gesicherte Situation, kann zwar vieles im Leben »leichter«-machen, aber nicht die Beziehungs- und Erlebnisfähigkeit von Menschen ersetzen. Diese erwirbt man sich einzig und allein durch andere Menschen, in der Regel die Mutter, die sich in der frühen Kindheit dem Kind zur Verfügung stellt, mit ihren Gefühlen, ihrer Lebenszeit, ihrer körperlichen Nähe.
So bietet zum Schluß, als alles nicht hilft, der König das Liebste an, was er hat: seine Tochter. Nur, um das Eselein, das er lieb gewonnen hat, bei sich zu behalten. Das erscheint dem Eselein wohl auch als mögliche Lösung seines Beziehungsproblems. Und es wirkt auf Anhieb einfacher, als sich mit der Vergangenheit, den Eltern, auseinanderzusetzen. Jedenfalls ist es sogleich wieder lustig.
Nach der Hochzeit kann es auch, als es sich mit seiner Braut

alleine wähnt, erstmals die Eselshaut ablegen und zeigen, wer es wirklich ist.
Hier erscheint es mir wichtig, darauf einzugehen, was die »Haut« eigentlich ist. Die Haut ist unsere äußerliche Körpergrenze. Sie hat physiologisch die Aufgabe, den Austausch mit der Außenwelt vorzunehmen, wie z. B. beim Schwitzen und Frieren. Wir atmen mit der Haut. Ohne Haut sind wir lebensunfähig. Zwischenmenschliche Kontakte, Berührungen und Zärtlichkeiten können über die Haut vermittelt werden. Bei Säuglingen kann die Haut zur ersten Wahrnehmung der Beziehung der Außenwelt zum kindlichen Körper werden, indem sie wie ein Seismograph registriert, welche Behandlung ihr zuteil wird. Zärtlich gestreichelt, rauh gepackt, liebevoll in lauwarmem Wasser gewaschen, zu heiß gebadet. Eine gestörte Mutter-Kind-Beziehung kann sich beispielsweise im Säuglingsekzem über die Haut ausdrücken. Im Leben der Erwachsenen spricht man davon, daß einer eine zu dünne oder zu dicke Haut hat. Es kann einem etwas unter die Haut, d. h. zu nahe gehen. Haut kann als Situation verstanden werden: »In dessen Haut möchte ich nicht stecken.« Was bedeutet nun aber diese Tierhaut eigentlich? Sie kann zum Schutz dienen, aber man kann sich in ihr verbergen, die anderen an der Nase herumführen oder verhindern, daß sie einem zu nahe treten. Man wird allerdings auch nicht als der gesehen, der man ist.
Die Schutzhaut eines Esels hat es vermutlich in seiner ersten Beziehung zu einer Frau gebraucht, sonst wäre es ja vielleicht seiner Mutter, die es so sehr haben wollte, ganz ausgeliefert gewesen. Die Eselshaut schützte es vor den Besitzansprüchen, dem Habenwollen seiner Mutter.
Die Königstochter ermöglicht es dem Eselein, die Schutzhaut abzulegen, da sie es offensichtlich annehmen und akzeptieren kann, wie es ist. Wenngleich sie auch erleichtert wirkt, als es seine wahre Gestalt zeigt. In einer Atmosphäre der liebevollen Akzeptanz, des bedingungslos Angenommenseins, ist es einfacher, mit Schwierigkeiten, die man hat, zurechtzukommen. Im Gegensatz zu einer Situation, die nur darauf wartet,

den Schwierigkeiten zu begegnen, sie abzuschaffen und ein Gegenprogramm zu aktivieren. Es zeigt, wer es wirklich ist, zunächst nur in der Nacht. Im Dunkeln, im Verborgenen, kann es sein wahres Selbst zeigen, am Tage muß es noch versteckt werden. Mir fallen dazu Kinder und Erwachsene ein, die aus einer frühen Kränkung und Verletzung heraus bei Tage, d. h. dann, wenn sie unter Menschen sind, so etwas wie eine zweite Haut tragen, um sich zu schützen. Dieser Schutzmantel stellt sich unterschiedlich dar, z. B. kann sich die Unsicherheit in linkischem, unkonzentriertem oder abwesendem Verhalten äußern, was dann wieder einen dümmlichen Eindruck erweckt, wie bei einem Esel. Es kann sich aber auch in aggressivem Verhalten niederschlagen.
Und mit Recht zeigt das Eselein seine wahre Gestalt erst einmal nur seiner Braut und nicht dem König. Denn so ganz vertraut der König dem Eselein doch nicht, denn er läßt es bewachen, »ob sich das Eselein auch fein artig und manierlich betrüge«. Der König nimmt ihm die Tierhaut mit Gewalt ab, d. h., das Eselein kann nicht selbst bestimmen, wann und wie lange es sie noch braucht und wann es ohne sie leben kann, sondern es wird vom König in ein Entwicklungsstadium des »Ausschlüpfens« gedrängt, das ihm vielleicht noch gar nicht entspricht. Die Tierhaut muß zwar verbrannt werden, aber aus meiner Sicht muß vom Träger der Haut ausgehen, wann der Zeitpunkt dazu gekommen ist. Mithilfe kann dabei nötig sein, aber das Verhalten des Königs grenzt an Vergewaltigung, da er die Haut, die als Abwehr dient, mit List entwendet und verbrennt.
Auch hier soll wieder etwas erzwungen werden, was wir von der Anfangssituation des Märchens her kennen, in der die Mutter unbedingt ein Kind haben will.
In einem österreichischen Märchen *Der Kalberlkönig,* das diesem Märchen sehr ähnlich ist, raubt die Braut ihrem Bräutigam die Haut in der Nacht und verbrennt sie. Der Kalberlkönig, seinem Schutz, seiner Tierhaut beraubt, geht fort, und sie bereut ihr Vorgehen. In einer langen »Suche«, in der Sonne, Mond und Sterne eine hilfreiche Rolle spielen, findet sie ihn.

Hier ist es dann die lange, selbstlose Suche der Frau, ihr verzweifeltes Bemühen, ihn gefühlsmäßig zu erreichen, die ihm zu einer emotionalen Entwicklung verhilft.
Im Märchen *Das Eselein* reagiert der Beraubte zunächst auch voll Trauer und Angst: »Nun muß ich sehen, daß ich entfliehe«, vielleicht, weil eine beginnende Entwicklung so jäh unterbrochen wurde: das erste, geschützte Herauswagen aus der eigenen Haut, und es bleibt ihm nichts als zu wünschen, »daß der gute Anfang auch ein gutes Ende nehme«. Dies scheint sich, dem Märchenschluß zufolge, dann auch zu erfüllen.
Viele Märchenhörer, besonders Erwachsene, empfinden diesen Schluß als unbefriedigend. Vielleicht, weil das Eselein mit Gewalt in eine neue Entwicklungsstufe gedrängt wurde und keine Zeit hatte, erst einmal eine nachholende Entwicklung zu durchlaufen, die ihm in seiner Primärgruppe verwehrt war. Zwar hat es ja schon an seinen Schwierigkeiten gearbeitet, aber genug?
Die Frage stellt sich, da es bei diesem Eselein um die Bindungs- und Beziehungsfähigkeit geht, die sich in der Liebesfähigkeit zu andersgeschlechtlichen Partnern ausdrückt, und die man in der Geborgenheit der ersten Beziehung erwirbt.
Viele Menschen, denen diese Bindungsfähigkeit in ihren früheren Beziehungen nicht mitgegeben wurde, haben die Hoffnung oder den Wunsch, dies mit einem anderen Partner, dem Liebespartner, zu erleben. Oft scheitern solche Beziehungen, da eine Partnerschaft nicht alle ungelebten Wünsche und Bedürfnisse des anderen erfüllen kann. Eine erwachsene, reife Partnerschaft setzt zwei autonome Menschen voraus. Zwar gibt es auch Beziehungen, die lebenslang eine solche Symbiose leben und sich gegenseitig »Mutti« und »Vati« sind.
Besonders deutlich erlebte ich dies an einem Paar, das gar keine Kinder hatte und sich trotzdem mit Mutti und Papa anredete. Eine solche Beziehung, in der so stark eine wechselseitige Symbiose erlebt wird, kann lebenslang dauern, wobei bestimmte Dinge von beiden nicht gelebt werden. Angemessener wäre, wenn sich beide Partner zu der Autonomie, die sie in der

frühen Kindheit nicht entwickeln konnten oder durften, verhelfen könnten und sich durch ihre wechselseitige Liebe in ein neues Entwicklungsstadium begeben. Einen solchen Entwicklungsraum findet ein Mensch auch in einer therapeutischen Situation. Dort ist es möglich, zu mehr Autonomie zu gelangen.
Der Schaden, der einem Kind durch negative Gefühle oder mangelnde Fürsorge der Eltern zugefügt wurde, kann wiedergutgemacht werden, sei es durch einen anderen Menschen oder menschliche Gemeinschaft. Wenn sich eine solche Lösung nicht anbietet, bleibt der Weg der emotionalen Korrektur mit Hilfe einer Therapie.

Rapunzel
(KHM 12)

Es war einmal ein Mann und eine Frau, die wünschten sich schon lange vergeblich ein Kind, endlich machte sich die Frau Hoffnung, der liebe Gott werde ihren Wunsch erfüllen. Die Leute hatten in ihrem Hinterhaus ein kleines Fenster, daraus konnte man in einen prächtigen Garten sehen, der voll der schönsten Blumen und Kräuter stand; er war aber von einer hohen Mauer umgeben, und niemand wagte hineinzugehen, weil er einer Zauberin gehörte, die große Macht hatte und von aller Welt gefürchtet ward. Eines Tags stand die Frau an diesem Fenster und sah in den Garten hinab, da erblickte sie ein Beet, das mit den schönsten Rapunzeln bepflanzt war; und sie sahen so frisch und grün aus, daß sie lüstern ward und das größte Verlangen empfand, von den Rapunzeln zu essen. Das Verlangen nahm jeden Tag zu, und da sie wußte, daß sie keine davon bekommen konnte, so fiel sie ganz ab, sah blaß und elend aus. Da erschrak der Mann und fragte: »Was fehlt dir, liebe Frau?« – »Ach«, antwortete sie, »wenn ich keine Rapunzeln aus dem Garten hinter unserem Hause zu essen kriege, so sterbe ich.« Der Mann, der sie liebhatte, dachte: »Eh du deine Frau sterben lässest, holst du ihr von den Rapunzeln, es mag kosten, was es will.« In der Abenddämmerung stieg er also über die Mauer in den Garten der Zauberin, stach in aller Eile eine Handvoll Rapunzeln und brachte sie seiner Frau. Sie machte sich sogleich Salat daraus und aß sie in voller

Begierde auf. Sie hatten ihr aber so gut, so gut geschmeckt, daß sie den andern Tag noch dreimal soviel Lust bekam. Sollte sie Ruhe haben, so mußte der Mann noch einmal in den Garten steigen. Er machte sich also in der Abenddämmerung wieder hinab, als er aber die Mauer herabgeklettert war, erschrak er gewaltig, denn er sah die Zauberin vor sich stehen. »Wie kannst du es wagen«, sprach sie mit zornigem Blick, »in meinen Garten zu steigen und wie ein Dieb mir meine Rapunzeln zu stehlen? Das soll dir schlecht bekommen.« – »Ach«, antwortete er, »laßt Gnade für Recht ergehen, ich habe mich nur aus Not dazu entschlossen: meine Frau hat Eure Rapunzeln aus dem Fenster erblickt und empfindet ein so großes Gelüsten, daß sie sterben würde, wenn sie nicht davon zu essen bekäme.« Da ließ die Zauberin in ihrem Zorne nach und sprach zu ihm: »Verhält es sich so, wie du sagst, so will ich dir gestatten, Rapunzeln mitzunehmen, soviel du willst, allein ich mache eine Bedingung: Du mußt mir das Kind geben, das deine Frau zur Welt bringen wird. Es soll ihm gut gehen, und ich will für es sorgen wie eine Mutter.« Der Mann sagte in der Angst alles zu, und als die Frau in Wochen kam, so erschien sogleich die Zauberin, gab dem Kinde den Namen *Rapunzel* und nahm es mit sich fort.

Rapunzel ward das schönste Kind unter der Sonne. Als es zwölf Jahre alt war, schloß es die Zauberin in einen Turm, der in einem Wald lag und weder Treppe noch Türe hatte, nur ganz oben war ein kleines Fensterchen. Wenn die Zauberin hinein wollte, so stellte sie sich unten hin und rief:

»Rapunzel, Rapunzel,
laß mir dein Haar herunter.«

Rapunzel hatte lange prächtige Haare, fein wie gesponnen Gold. Wenn sie nun die Stimme der Zauberin vernahm, so band sie ihre Zöpfe los, wickelte sie oben um einen Fensterhaken, und dann fielen die Haare zwanzig Ellen tief herunter, und die Zauberin stieg daran hinauf.

Nach ein paar Jahren trug es sich zu, daß der Sohn des Königs durch den Wald ritt und an dem Turm vorüberkam. Da hörte er einen Gesang, der war so lieblich, daß er stillhielt und horchte. Das war Rapunzel, die in ihrer Einsamkeit sich die Zeit damit vertrieb, ihre süße Stimme erschallen zu lassen. Der Königssohn wollte zu ihr hinaufsteigen und suchte nach einer Tür des Turms, aber es war keine zu finden. Er ritt heim, doch der Gesang hatte ihm so sehr das Herz gerührt, daß er jeden Tag hinaus in den Wald ging und zuhörte. Als er einmal so hinter einem Baum stand, sah er, daß eine Zauberin herankam und hörte, wie sie hinaufrief:

»Rapunzel, Rapunzel,
laß dein Haar herunter.«

Da ließ Rapunzel die Haarflechten herab, und die Zauberin stieg zu ihr hinauf. »Ist das die Leiter, auf welcher man hinaufkommt, so will ich auch einmal mein Glück versuchen.« Und den folgenden Tag, als es anfing, dunkel zu werden, ging er zu dem Turme und rief:

»Rapunzel, Rapunzel,
laß dein Haar herunter.«

Alsbald fielen die Haare herab, und der Königssohn stieg hinauf.
Anfangs erschrak Rapunzel gewaltig, als ein Mann zu ihr hereinkam, wie ihre Augen noch nie einen erblickt hatten, doch der Königssohn fing an, ganz freundlich mit ihr zu reden, und erzählte ihr, daß von ihrem Gesang sein Herz so sehr sei bewegt worden, daß es ihm keine Ruhe gelassen und er sie selbst habe sehen müssen. Da verlor Rapunzel ihre Angst, und als er sie fragte, ob sie ihn zum Mann nehmen wollte, und sie sah, daß er jung und schön war, so dachte sie: »Der wird mich lieber haben als die alte Frau Gothel«, und sagte ja und legte ihre Hand in seine Hand. Sie sprach: »Ich will gerne mit dir gehen, aber ich weiß nicht, wie ich herabkommen kann. Wenn du kommst, so bring jedesmal einen Strang Seide mit, daraus will ich eine Leiter flechten, und wenn die fertig ist, so steige ich herunter, und du nimmst mich auf dein Pferd.« Sie verabredeten, daß er bis dahin alle Abend zu ihr kommen sollte, denn bei Tag kam die Alte. Die Zauberin merkte auch nichts davon, bis einmal Rapunzel anfing und zu ihr sagte: »Sag Sie mir doch, Frau Gothel, wie kommt es nur, Sie wird mir viel schwerer heraufzuziehen als der junge Königssohn, der ist in einem Augenblick bei mir.« – »Ach du gottloses Kind«, rief die Zauberin, »was muß ich von dir hören, ich dachte, ich hätte dich von aller Welt geschieden, und du hast mich doch betrogen!« In ihrem Zorne packte sie die schönen Haare der Rapunzel, schlug sie ein paarmal um ihre linke Hand, griff eine Schere mit der rechten, und ritsch, ratsch waren sie abgeschnitten, und die schönen Flechten lagen auf der Erde. Und sie war so unbarmherzig, daß sie die arme Rapunzel in eine Wüstenei brachte, wo sie in großem Jammer und Elend leben mußte.
Denselben Tag aber, wo sie Rapunzel verstoßen hatte, machte abends die Zauberin die abgeschnittenen Flechten oben am Fensterhaken fest, und als der Königssohn kam und rief:

»Rapunzel, Rapunzel,
laß dein Haar herunter«,

so ließ sie die Haare hinab. Der Königssohn stieg hinauf, aber er fand oben nicht seine liebste Rapunzel, sondern die Zauberin, die ihn mit bösen und giftigen Blicken ansah: »Aha«, rief sie höhnisch, »du willst die Frau Liebste holen, aber der schöne Vogel sitzt nicht mehr im Nest und singt nicht mehr, die Katze hat ihn geholt und wird dir auch noch die Augen auskratzen. Für dich ist Rapunzel verloren, du wirst sie nie wieder erblicken.« Der Königssohn geriet außer sich vor Schmerz, und in der Verzweiflung sprang er den Turm herab: das Leben brachte er davon, aber die Dornen, in die er fiel, zerstachen ihm die Augen. Da irrte er blind im Walde umher, aß nichts als Wurzeln und Beeren und tat nichts als jammern und weinen über den Verlust seiner liebsten Frau. So wanderte er einige Jahre im Elend umher und geriet endlich in die Wüstenei, wo Rapunzel mit den Zwillingen, die sie geboren hatte, einem Knaben und Mädchen, kümmerlich lebte. Er vernahm eine Stimme, und sie däuchte ihn so bekannt; da ging er darauf zu, und wie er herankam, erkannte ihn Rapunzel und fiel ihm um den Hals und weinte. Zwei von ihren Tränen aber benetzten seine Augen, da wurden wie wieder klar, und er konnte damit sehen wie sonst. Er führte sie in sein Reich, wo er mit Freude empfangen ward, und sie lebten noch lange glücklich und vergnügt.

Auch in diesem Märchen geht es um Symbiose – Trennung – Individuation, speziell um die Ablösungsproblematik von Mutter und Tochter.

Das Kind im Märchen hat zwei Mütter, und beide sind sie »süchtig«: die eine nach Rapunzel, der Pflanze, die andere nach Rapunzel, dem Kind. Beide wollen unbedingt etwas für sich haben, man kann sie als »selbstsüchtig« bezeichnen, und sie lassen dem Kind kaum eine Chance.

Finden sich im Märchen zwei Mutterfiguren, so kann dies bedeuten, daß beide einen unterschiedlichen Aspekt von Mütterlichkeit darstellen. In der Gestalt der Hexe oder der Köchin in Fundevogel haben wir beides in einer Gestalt vereinigt. Manchmal sind auch beide Personen nahezu deckungsgleich, d. h. sie stehen für dasselbe psychische Problem, wie im Märchen Rapunzel. Beiden Müttern fehlt etwas. Der als leibliche Mutter geschilderten Frau fehlt zunächst das Kind, und als dieser Mangel beseitigt ist, tritt sofort ein neuer auf. Zwar ist sie nun, wie gewünscht, schwanger, aber beim Blick aus dem Fenster in

den Garten der Zauberin wird sie ganz »lüstern« auf deren Rapunzel.
Die Zauberin hat zwar die »schönsten Rapunzeln« aber kein Kind; von daher kommt auch der Tausch sehr schnell zustande. Man erfährt nichts davon, ob die Eltern wenigstens um ihr Kind gekämpft haben. Man hat den Eindruck, sie geben es als Preis für die Rapunzeln hin.
Ich gehe davon aus, daß beiden Frauen das Kind zum Ersatz für etwas wird, das in ihrem Leben fehlt. Möglicherweise als Weg der Selbstverwirklichung, was nicht unbedingt negativ sein muß, aber auch dazu führen kann, daß das Kind gebraucht und damit eventuell zur eigenen Individuation mißbraucht wird. Ich möchte als Beispiel zwei Freundinnen wählen, die beide den gleichen Beruf haben. Die eine entscheidet sich mit etwa dreißig Jahren für die Familie und das Kind, gegen den Beruf; die andere umgekehrt. Sie bekommt bewußt kein Kind, um im Beruf zu bleiben und weiterzukommen. Das heißt, beide leben nur eine ihrer verschiedenen, vielfältigen Lebensmöglichkeiten.
Der gewählte Weg kann der richtige und zufriedenstellende sein, vorausgesetzt, die Entscheidung verläuft als bewußter Trennungsprozeß; als Abschied von dem, was dann nicht möglich ist.
Das heißt, die Trauer zuzulassen, daß die Entscheidung für das Kind den Beruf unmöglich macht. Im anderen Fall die Trauer darüber, nicht schwanger zu sein oder kein Kind zu haben, weil die Entscheidung für den Beruf getroffen wurde.
Im Fall der beiden Freundinnen wurde dieser Trennungsprozeß durch jede neue Begegnung aktualisiert. Indem die eine »begehrlich« in den Garten der anderen guckte, wobei in dem einen ein munteres Kind heranwuchs, in dem anderen die Früchte von Arbeit und Beruf.
Nun gibt es verschiedene Formen, mit solchen Begegnungen umzugehen. Zum einen die des Kontaktabbruchs, damit ich erst gar nicht sehe, was die anderen im Garten haben, um nur nicht »lüstern« zu werden; zum anderen immer wieder eine Ausein-

andersetzung mit meiner Lebensentscheidung und der Ambivalenz, daß ich vielleicht beides möchte.
Die Frauen könnten sich auch ähnlich verhalten wie die im Märchen. Sie setzen sich nicht mit ihren Gefühlen auseinander, sondern ein Kind wird einfach aufgegeben oder muß unbedingt her, um »das andere« zu haben, den Lebenssinn zu finden.
Das ist keine günstige Voraussetzung für die Entwicklung eines Kindes. Wenn wir den Faden weiterspinnen: Rapunzel als Kind der Frau, die ihren Beruf und damit vielfältige Kontakte unreflektiert aufgibt. Wenn diese Frau sich keine neuen Kontakte und Aufgaben sucht, sondern das Kind diese Stelle einnimmt, dann kann es geschehen, daß sie es gegen die Außenwelt abschirmt. Hat sie so viel für das Kind aufgegeben, so soll es ihr das ersetzen, indem es ein »Prachtkind« wird, oder aber auch, indem es sich keinen neuen zwischenmenschlichen Beziehungsbereich erschließen kann, da es dann der Mutter verlorengeht.
In der Zeit, als die Märchen noch erzählt wurden, hatte gerade in der ländlichen Gesellschaft die Unfruchtbarkeit eine viel zentralere Bedeutung im Leben einer Frau, aber auch des Mannes. Es hieß nicht nur, daß in dieser Beziehung nichts wachsen konnte, sondern es war auch gesellschaftlich bedrückender, unfruchtbar zu sein und die Kette der Vor- und Nachfahren abreißen zu lassen. Den Frauen heute bieten sich mehr Alternativen der Selbstverwirklichung. Viele nehmen die Anstrengung auf sich, beides zu realisieren: Familie und Beruf. Dies ist nicht unbedingt der einfachere Weg. Er entläßt sie zwar auf der einen Seite aus dem Zwiespalt der Entscheidung, aber der Preis dafür ist das Hin- und Hergerissensein, beiden Seiten gerecht zu werden.
Habe ich bislang das Märchen mehr von der Mutterseite her beleuchtet, so will ich nun die Seite des Kindes genauer betrachten; was es eigentlich heißt, eine solch besitzergreifende Mutter zu haben. Die Zauberin sperrt das Kind erst mit zwölf Jahren in den Turm, d. h. in dem Alter, in dem junge Mädchen sich verstärkt nach außen am anderen Geschlecht orientieren und beginnen, sich erneut von den Eltern abzugrenzen, also eine weitere Loslösung ansteht.

Von der Zeit davor erzählt das Märchen nicht viel. Die märchenhörenden Kinder und Erwachsenen können dies nur mit ihren Phantasien ersetzen. Ich gehe aber davon aus, daß die Zauberin ihr Versprechen gehalten hat: »Es soll ihm gutgehen, und ich will für es sorgen wie eine Mutter.« Allerdings enthüllt sich der wahre Zug einer Mutter, in diesem Fall der festhaltende, nicht erst, wenn sie ihr Kind in der Zeit der Pubertät loslassen soll, sondern schon viel früher, wenn sich das Kind mit etwa sechs Monaten aus der Symbiose mit der Mutter löst, um die Welt zu erfahren. In dieser Zeit ist beides im Wechsel erforderlich, ein »Festhalten« und »Loslassen«.

Schon in diesem Alter kann man bei manchen Müttern den Hang zur einen oder anderen Tendenz beobachten. Es gibt Mütter, die ihre Kinder überwiegend so auf den Schoß setzen, daß sie die Mutter anschauen müssen. Ab einem bestimmten Zeitpunkt ist es jedoch wichtig, daß ein Kind zwar auf dem sicheren Schoß der Mutter sitzen, sich aber die Welt anschauen kann. Es sind diese kleinen Gesten, die die Kinder wahr- und aufnehmen und die das spätere Loslösungsverhalten prägen können.

Rapunzel wirkt nicht unglücklich in ihrem Turm, sie scheint es nicht anders zu kennen, als ganz für die Mutter dazusein. Ein goldener Käfig, weil er zwar beschränkt, aber auch bequem ist. Man braucht sich nicht mit anderen und der Welt auseinanderzusetzen.

Ein Kind, das von seiner Mutter auf keinen Spielplatz mit anderen Kindern und in keinen Kindergarten gebracht wird, kann nicht wissen, daß ihm etwas fehlt, im positiven wie im negativen Sinn. Es braucht keine Auseinandersetzungen mit anderen Kindern zu führen, nichts zu teilen. Auf der anderen Seite entgeht ihm aber auch die Freude des Miteinanders, die Nähe von anderen. Es hat an diesem Punkt einen blinden Fleck, und wenn es das erste Mal mit anderen Menschen in Berührung kommt, dann kann es, vorausgesetzt es läßt den Kontakt zu, ähnlich naiv sein, wie die Begegnung zwischen Rapunzel und dem Königssohn dargestellt wird.

Das einzig eigene, das wir von Rapunzel kennen, sind ihre Haare und ihre Stimme. Die Haare werden uns als lang, prächtig und »fein wie gesponnenes Gold« beschrieben; und der Gesang als lieblich, ihre Stimme als süß. Die Haare, die aus dem Kopf wachsen und symbolisch als die gewachsenen Gedanken zu sehen sind, hat sich die Mutter ganz zunutze gemacht, indem sie an ihnen hinaufsteigt. Dabei fällt mir ein, wie viele Diskussionen es zwischen Müttern und Töchtern um die Frisur gibt. Wollen die Mütter für ihre Töchter langes Haar, so wollen die Töchter unbedingt kurzes und umgekehrt.

Ähnlich wie die Mutter, bedient sich der Königssohn der Haare, um zu Rapunzel zu gelangen, angelockt durch ihre Stimme. Rapunzel erschrickt zunächst, als ein Mann zu ihr kommt, »wie ihre Augen noch nie einen erblickt haben«. Aber als er freundlich mit ihr redet, verlieren sich ihre Ängste, und sie denkt sogleich, »der wird mich lieber haben als die Frau Gothel«. Aber wir ahnen schon, so kann keine gelingende Loslösung aus dem Turm vonstatten gehen; nur einfach von einem Liebesobjekt zum anderen wechseln? Dies entspricht zwar der paradiesischen Sehnsucht vieler Menschen, aber so einfach geht es nicht, und im Fall von Rapunzel ist die anstehende Lebensaufgabe die, diesen Turm, die starke Mutterbindung, zu überwinden. Rapunzel hat kreative eigene Gedanken, wie das gelingen könnte. Bislang teilte sie diese Gedanken, sprich Haare, mit der Mutter als Ein- und Ausstieg zu ihr. Jetzt will sie eigenes Haar, oder am eigenen Lebensfaden flechten, mit Hilfe des Königssohns, der ihr jedes Mal einen Strang Seide mitbringt, aus dem sie eine Leiter flechten will.

Rapunzel ist jedoch noch zu sehr an die Mutter gebunden; sie kann zwar den eigenen Gedanken entwickeln, aber nicht für sich alleine behalten. In naiver Weise plaudert sie alles aus, was dazu führt, daß die Mutter ihr die Gedanken radikal abschneidet und sie dazu noch in die Wüstenei schickt, wo eigentlich gar nichts mehr wachsen und kaum Leben entstehen kann.

Es erinnert an stark muttergebundene Kinder, die naiv an die Welt herangehen und viel stärker der Gefahr ausgesetzt sind, »in ihr umzukommen«. Genau das Gegenteil von dem, was die Mütter oder Eltern wollten, tritt dann oft ein. Haben sie ihren Kindern alle Gefahren und Widrigkeiten aus dem Weg geräumt, so tappen diese bei der ersten Gelegenheit, in der sie nicht den Schutz genießen, in Gefahren hinein, weil die Eltern sie der Erfahrung beraubt haben, wann etwas gefährlich ist und wann nicht.
Wenn man Kinder immer von fremden Menschen fernhält, so können sie, auf dem Schulweg angesprochen, sehr viel schwerer zwischen fremd und vertraut differenzieren, als wenn sie damit groß wurden. Ein Kind im Straßenverkehr braucht zunächst die schützende Hand, aber irgendwann muß man loslassen, da das Kind sich sonst auf die Hand verläßt und nicht auf sich selbst.
Ein Mädchen, das von den Eltern im symbolischen Turm gehalten wird, damit es nicht zu früh Kontakt zu den »gefährlichen Männern« bekommt, ist z. B. viel gefährdeter, sich mit dem erstbesten zusammenzutun. Anders ein Mädchen, das, schrittweise losgelassen, sich in Beziehungen zu anderen entwickeln kann, insbesondere andersgeschlechtlichen.
Oft haben Töchter in solch einem Fall ein Problem der Mütter übernommen oder sollen es lösen. Sei es, daß die Mütter die eigene Partnerschaft nicht gestaltet haben und ihre eigene Unzufriedenheit den Töchtern weitergeben, in der unbewußten Empfehlung, besser von den Männern die Finger zu lassen; oder, daß die Mutter sich zu früh eingelassen und ihre eigene Lebensgestaltung in der Beziehung zu einem Mann aufgegeben hat. Und genau diese Erfahrung will sie ihrer Tochter ersparen.
Den Kindern kann man jedoch ihre Erfahrungen nicht abnehmen, sie müssen sie selbst machen. Wenn diese dann mit den eigenen identisch sind, und zwar mit denen, die man selbst nicht so gut fand, dann macht das um so mehr betroffen, weil man sich erneut damit auseinandersetzen muß.
Es gibt Kinder, die keine Geheimnisse vor ihren Müttern haben,

die zu Hause alles »ausquatschen« oder wie unter einem Zwang alles der Mutter erzählen, dann aber nicht an der eigenen Lebensleiter flechten und arbeiten können.
Ich meine nicht Kinder, die zu Hause nichts erzählen, aus Angst vor Konsequenzen, Schimpfe usw. Das ist sicher das andere Extrem; sondern es geht um das gesunde Mittelmaß von Offenheit gegenüber den Eltern, aber auch um etwas für sich behalten dürfen, Geheimnisse haben. Das zeigt sich oft schon bei den Kindergartenkindern. Anfangs trennen sich die Mütter von diesen nur schweren Herzens für einige Stunden. Wenn sie dann nach Hause kommen, fragt die Mutter oft begierig: »Na, wie war's, was habt ihr gemacht?« als Möglichkeit, doch noch ein bißchen Anteil am beginnenden Eigenleben des Kindes zu haben. Unser Sohn antwortet auf diese Frage immer wieder mit »das habe ich gerade vergessen«. Unsere Tochter mit »nichts«. Auch detaillierte Fragen nach dem, was es zu essen gab, oder was sie gesungen haben, werden von vielen Kindern unbeantwortet gelassen – zur Enttäuschung der Mütter, die zugunsten eines beginnenden neuen Freiraums der Kinder nicht mehr so viel mitkriegen.
Der Königssohn im Märchen tappt ahnungslos der Zauberin in die Falle und reagiert ähnlich naiv wie Rapunzel. Er nimmt den Kampf mit der Zauberin nicht auf, versucht keine Auseinandersetzung, sondern springt außer sich vor Schmerz vom Turm und verliert das Augenlicht. Nun wird deutlich, daß beide noch eine Reifezeit brauchen, bis sie als Paar zusammenfinden können. Der Königssohn, indem er durch den Wald irrt, und sie, indem sie in der Wüstenei kümmerlich lebt.
Beide sind so mit sich, ihrem Schmerz, Jammern, Klagen beschäftigt, daß sie nicht in der Lage sind, einander zu suchen, sondern sie finden sich mehr zufällig, und Rapunzel kann ihn dann erlösen. Eine Märchenzuhörerin bemerkte einmal ganz entsetzt: »Ich verstehe gar nicht, warum die Eltern des Königssohnes ihn nicht vermißt haben und suchen ließen.« Aber genau darum geht es in diesem Märchen: Loslösung von den Eltern, um ohne sie in der Welt zurechtzukommen. Beide müssen eine

Zeit der Prüfung und die Schwierigkeiten des inneren Wachstums durchstehen. Denn was passiert mit einer solchen Rapunzel-Frau, wenn sie sich nicht von der Mutter löst?
Ich denke dabei an eine Frau, die als einzige Tochter neben drei Brüdern schon von früher Kindheit an eine enge Bindung an die Mutter hatte. Nach dem Abitur nahm sie ein Lehrerinnenstudium auf, das sie abbrach, nachdem sie durch eine der Abschlußprüfungen gefallen war, die sie nicht wiederholen wollte. Sie heiratete, und als sie, durch den Beruf des Mannes bedingt, von der Heimatstadt wegzog, nahm sie die mittlerweile verwitwete Mutter mit. Obwohl die Mutter in der Heimatstadt Jahrzehnte gelebt, dort Freunde, Verwandte sowie ihre anderen Kinder hatte, zog sie mit. Die Aufgabe der Tochter war fortan, für den Mann und die recht anspruchsvolle Mutter zu sorgen. Das erwünschte Kind allerdings blieb zehn Jahre lang aus. Ein typischer Fall von psychischer Unfruchtbarkeit bis zu dem Tag, als dem Adoptionsantrag der Familie stattgegeben und ein Pflegekind in Aussicht gestellt war. Zu diesem Zeitpunkt wurde die Frau schwanger, ein Phänomen, das übrigens häufiger zu beobachten ist.
Für jede Frau ist es wichtig, sich von der Mutter zu lösen. Bei einer so festhaltenden Mutter wie bei Rapunzel muß das spätestens dann geschehen, wenn die Tochter erwachsen ist. Wehrt sie sich nicht gegen den mütterlichen Einfluß, so kann das »tödliche Folgen« haben, weil sie das Leben in bezug auf die eigenen Möglichkeiten verarmen läßt.
In einer Zeitungsnotiz dieser Tage war zu lesen, daß ein Elternpaar seine beiden Kinder tötete und anschließend versuchte, sich selbst umzubringen. Grund für diese Tat: die Eheleute, insbesondere die Frau, waren mit dem Tod der Mutter der 36jährigen Ehefrau nicht fertig geworden. Die Ehefrau hat offensichtlich nicht ins eigene Leben, in die Ablösung von der Mutter, gefunden. Darin aber liegt die ungeheure Chance, die Seiten zum Zuge kommen zu lassen, die man bei und in der Beziehung zur Mutter nicht leben konnte.
Man mag sich fragen, warum Rapunzel Zwillinge bekommt. In

vielen Märchen finden wir die Geburt eines Geschwisterpaares oder Junge und Mädchen als die Helden des Geschehens. Dies kann als Bild für die gelungene Individuation verstanden werden, die unter anderem darin besteht, daß in einer Persönlichkeit die beiden Anteile verwirklicht werden: mütterliche und väterliche, die von Frau und Mann, die Vereinigung von Gefühl und Verstand.

An diesem Märchen möchte ich noch zeigen, wie es, unabhängig von Alter und Geschlecht des Märchenhelden, für Kinder jeden Alters Bedeutung erlangt. Indem sich die Kinder nacheinander mit verschiedenen psychischen Entwicklungsproblemen befassen, können entsprechend unterschiedliche Märchenelemente wichtig werden, wie bei einem Geschwisterpaar im Alter von vier und sieben Jahren: Für beide wurden unterschiedliche Aspekte relevant, da sie als Erwachsene den Märcheninhalt abweichend erinnerten. Ergänzend muß dazu gesagt werden, daß die Mutter, die das Märchen vorlas, in ihrer Tendenz gegenüber beiden Kindern überfürsorglich und behütend war. Der Sohn neigte zur Passivität, das Mädchen war durchaus aktiv und hatte Ideen, die aber immer wieder durch die Mutter beschnitten wurden. Diese Tochter erinnerte sich an den Ausgang des Märchens so, daß Rapunzel an dem selbstgeflochtenen Zopf den Turm verließ, das heißt die Kraft der Befreiung und die Lösungsmöglichkeit bei sich selbst gefunden hat. Für den Sohn stand gar nicht so sehr die Befreiung aus dem Turm im Vordergrund seines Erlebens, er erinnerte sich mehr an den Zustand der Geborgenheit in dem Turm und den Ausgang des Märchens in dem Sinn, daß Rapunzel durch den Königssohn aus dem Turm befreit worden sei, was seiner Lebenssituation entsprach. Er hatte sich aus dem Einflußbereich der Mutter erst nach seiner Heirat gelöst, und eigentlich nur dadurch, daß seine Frau die Auseinandersetzung mit der Schwiegermutter aufnahm. Damit enthob sie ihren Mann aber der Aufgabe der Loslösung von der Mutter und schuf ihm eine ähnliche Lebenssituation wie zuvor. Indem sie ihn überbehütete, war sie ihm die »bessere Mutter«. Das heißt, ihre Fürsorge für den Mann

entsprach auch ihrer eigenen Rivalität mit der Schwiegermutter, »welche von uns zweien ist die bessere?« Für den Mann eine bequeme, aber auch infantilisierende, entmündigende Situation, die er unter Umständen mit dem Leben bezahlt, indem er in der Fürsorge zweier Frauen lebendig begraben ist.
Die Zauberin dieses Märchens wird nicht bestraft wie in anderen Märchen. Dies ist darauf zurückzuführen, daß sie nichts abgrundtief Böses tut. Zwar will sie ihr Kind erst festhalten, und hinterher jagt sie es weg, beides ist dem Kind aber in seiner Ambivalenz, gehalten und losgelassen zu werden, vertraut. Von daher bedarf die Zauberin, im Gegensatz zur Hexe, die »fressen« will, keiner Strafe.
Für uns Erwachsene ist es schwierig zu entscheiden, welches Thema zu welchem Zeitpunkt für ein Kind von Interesse sein kann. Dies können wir nur gemeinsam mit dem Kind erspüren, indem wir ihm ein Märchen erzählen, das uns selbst gut gefällt und von dem wir glauben, daß es eine Bedeutung für das Kind haben kann.
Zeigt das Kind nun zunächst kein besonderes Interesse an diesem Märchen, so wählt man beim nächsten Mal ein anderes aus. Ein halbes Jahr später kann das gleiche Märchen auf brennendes Interesse seitens des Kindes stoßen.
Häufig weiß man als Eltern ja auch, warum ein bestimmtes Märchen ein Kind besonders anspricht. Man sollte es dem Kind aber niemals deuten oder erklären. Dem Kind genügt das Gefühl der Verzauberung und der Zuversicht, daß es wie der Held des Märchens, mit dem es bestimmte Ängste teilt, durchkommen wird. Das Märchen hat für das Kind seinen Reiz, ohne daß es dieses rational versteht – im Gegensatz zu uns Erwachsenen. Denn das Eigentliche ist nicht mit dem Verstand zu erfassen, sondern nur zu erspüren. Das stellt sich nicht mit dem einmaligen Hören eines Märchens ein, aber durch häufige Wiederholung.
»Nur wenn das Kind ein Märchen immer wieder hört und viel Zeit und Gelegenheit hat, um darüber nachzudenken, kann es, was ihm die Geschichte an Selbsterkenntnis und Welterfahrung

zu vermitteln vermag, voll ausschöpfen. Nur dann erschließen die freien Assoziationen des Kindes die ganz persönliche Bedeutung des Märchens, die zur Bewältigung drückender Probleme verhilft.«[8] Mit Hilfe des Rapunzel-Märchens kann einem Kind die Gewißheit und das Gefühl erwachsen, daß es wichtig ist, sich über den mütterlichen Einflußbereich hinwegzusetzen und weiterzuentwickeln.

Die Bienenkönigin
(KHM 62)

Zwei Königssöhne gingen einmal auf Abenteuer und gerieten in ein wildes, wüstes Leben, so daß sie gar nicht wieder nach Haus kamen. Der jüngste, welcher der Dummling hieß, machte sich auf und suchte seine Brüder; aber wie er sie endlich fand, verspotteten sie ihn, daß er mit seiner Einfalt sich durch die Welt schlagen wollte, und sie zwei könnten nicht durchkommen und wären doch viel klüger. Sie zogen alle drei miteinander fort und kamen an einen Ameisenhaufen. Die zwei ältesten wollten ihn aufwühlen und sehen, wie die kleinen Ameisen in der Angst herumkröchen und ihre Eier forttrügen, aber der Dummling sagte: »Laßt die Tiere in Frieden, ich leid's nicht, daß ihr sie stört.« Da gingen sie weiter und kamen an einen See, auf dem schwammen viele, viele Enten. Die zwei Brüder wollten ein paar fangen und braten, aber der Dummling ließ es nicht zu und sprach: »Laßt die Tiere in Frieden, ich leid's nicht, daß ihr sie tötet.« Endlich kamen sie an ein Bienennest, darin war so viel Honig, daß er am Stamm herunterlief. Die zwei wollten Feuer unter den Baum legen und die Bienen ersticken, damit sie den Honig wegnehmen könnten. Der Dummling hielt sie aber wieder ab und sprach: »Laßt die Tiere in Frieden, ich leid's nicht, daß ihr sie verbrennt.« Endlich kamen die drei Brüder in ein Schloß, wo in den Ställen lauter steinerne Pferde standen, auch war kein Mensch zu sehen, und sie gingen durch alle Säle, bis sie vor eine Tür ganz am Ende kamen, davor hingen drei Schlösser; es war aber mitten in der Türe ein Lädlein, dadurch konnte man in die Stube sehen. Da sahen sie ein graues Männchen, das an einem Tisch saß. Sie riefen es an, einmal, zweimal, aber es hörte nicht; endlich riefen sie zum drittenmal, da stand es auf, öffnete die

Schlösser und kam heraus. Er sprach aber kein Wort, sondern führte sie zu einem reichbesetzten Tisch; und als sie gegessen und getrunken hatten, brachte es einen jeglichen in sein eigenes Schlafgemach. Am andern Morgen kam das graue Männchen zu dem ältesten, winkte und leitete ihn zu einer steinernen Tafel, darauf standen drei Aufgaben geschrieben, wodurch das Schloß erlöst werden könnte. Die erste war, in dem Wald unter dem Moos lagen die Perlen der Königstochter, tausend an der Zahl, die mußten aufgesucht werden, und wenn vor Sonnenuntergang noch eine einzige fehlte, so ward der, welcher gesucht hatte, zu Stein. Der älteste ging hin und suchte den ganzen Tag, als aber der Tag zu Ende war, hatte er erst hundert gefunden; es geschah, wie auf der Tafel stand, er ward in Stein verwandelt. Am folgenden Tag unternahm der zweite Bruder das Abenteuer; es ging ihm aber nicht viel besser als dem ältesten, er fand nicht mehr als zweihundert Perlen und ward zu Stein. Endlich kam auch an den Dummling die Reihe, der suchte im Moos, es war aber so schwer, die Perlen zu finden, und ging so langsam. Da setzte er sich auf einen Stein und weinte. Und wie er so saß, kam der Ameisenkönig, dem er einmal das Leben erhalten hatte, mit fünftausend Ameisen, und es währte gar nicht lange, so hatten die kleinen Tiere die Perlen miteinander gefunden und auf einen Haufen getragen. Die zweite Aufgabe aber war, den Schlüssel zu der Schlafkammer der Königstochter aus der See zu holen. Wie der Dummling zur See kam, schwammen die Enten, die er einmal gerettet hatte, heran, tauchten unter und holten den Schlüssel aus der Tiefe. Die dritte Aufgabe aber war die schwerste, aus den drei schlafenden Töchtern des Königs sollte die jüngste und die liebste herausgesucht werden. Sie glichen sich aber vollkommen und waren durch nichts verschieden, als daß sie, bevor sie eingeschlafen waren, verschiedene Süßigkeiten gegessen hatten, die älteste ein Stück Zucker, die zweite ein wenig Sirup, die jüngste einen Löffel voll Honig. Da kam die Bienenkönigin von den Bienen, die der Dummling vor dem Feuer geschützt hatte, und versuchte den Mund von allen dreien, zuletzt blieb sie auf dem Mund sitzen, der Honig gegessen hatte, und so erkannte der Königssohn die rechte. Da war der Zauber vorbei, alles war aus dem Schlaf erlöst, und wer von Stein war, erhielt seine menschliche Gestalt wieder. Und der Dummling vermählte sich mit der jüngsten und liebsten und ward König nach ihres Vaters Tod; seine zwei Brüder aber erhielten die beiden andern Schwestern.

Die Bienenkönigin gehört zu den sogenannten Dummlingsmärchen. Das Eingangsmotiv findet sich in vielen Grimmschen Märchen, aber auch in russischen, spanischen usw. Drei Brüder ziehen in die Welt oder werden geschickt, um bestimmte Dinge zu holen oder zu erledigen, manchmal bedingt durch eine Mangelsituation im Elternhaus.

Entwicklungspsychologisch gesehen geht es also weniger um Symbiose und Trennung von den Eltern, sondern mehr darum, wie weit diese Prozesse gelungen sind und die Märchenhelden in die Individuation finden.

Bei den meisten Dummlingsmärchen werden zunächst die beiden älteren Brüder, die als die gescheiteren gelten, ausgeschickt, »das Wasser des Lebens«, »den schönsten Teppich« oder etwas anderes zu holen. Da sie nicht zurückkehren, macht sich der jüngste der Brüder, der scheinbar ein Dummling ist, auf – oft gegen den Willen des Vaters –, um seine Brüder zu suchen. Ihm gelingt dann, was keiner ihm zugetraut hätte.

Hier fallen mir Geschwisterkonstellationen ein, mit zwei, drei oder vier Kindern. Bei vielen Familien kann man beobachten, daß die erstgeborenen Kinder es in ihrer Entwicklung schwerer haben als die nachfolgenden Geschwister. Dafür gibt es verschiedene Gründe. Einer davon ist der, daß die erstgeborenen Kinder, besonders wenn sie sehr erwünscht waren, verstärkt mit Fürsorge und Liebe bedacht werden, d. h. sehr viel weniger Raum erhalten, selbständig die Welt zu erkunden. Sie gelangen nicht so leicht in die Stufe der Autonomie und können weniger gut Selbstvertrauen entwickeln. Zudem bekommen sie unterschwellig mehr Ängste und Unsicherheiten der Eltern mit: Ob sie es denn auch richtig machen mit ihrem Kind, wo sie doch nur sein Bestes wollen. Die zweiten oder dritten Kinder, im Windschatten der älteren, haben in der Regel einfach mehr Luft, sich zu entfalten. Beim ersten Kind wird mit großer Spannung darauf gewartet, daß es zum erstenmal »Mama« sagt oder seine ersten Schritte tut. Bei den Geschwisterkindern sind dies auch noch aufregende Ereignisse, aber ihnen wird längst nicht mehr so viel Bedeutung beigemessen. Von daher ist es zu verstehen,

daß viele Erstgeborene einen stärkeren Leistungsdruck haben, was sich in ausgeprägter Leistungsorientiertheit ausdrücken, aber auch in das Gegenteil umschlagen kann, in die Leistungsverweigerung.
Lernte das erste Kind die meisten Dinge von den Erwachsenen, so haben die Geschwisterkinder ein ihnen sehr viel näheres Modell. Ein anderes Kind, durch das sie nahezu beiläufig sehr viele Sachen vermittelt bekommen, aber nicht so perfekt, wie dies bei Erwachsenen der Fall ist. In der Folge stellen die »Kleinen« die Großen in den Schatten.
Im folgenden möchte ich die drei Brüder des Märchens zunächst einmal unter dem Aspekt betrachten, wie weit ihnen die Individuation gelungen ist. Die beiden älteren Bürder zogen auf Abenteuer aus und »gerieten in ein wildes, wüstes Leben«. Der Dummling macht sich auf, seine beiden Brüder zu suchen, und wie er sie schließlich findet, wird er von ihnen verspottet, »daß er mit seiner Einfalt sich durch die Welt schlagen wollte, und sie zwei könnten nicht durchkommen und wären doch viel klüger«.
Hier haben wir zwei Hinweise in bezug auf die Autonomie der beiden älteren Brüder. Sie scheinen mir noch nicht so groß und erwachsen, wie sie sich selbst fühlen, zumindest gegenüber dem Dummling. Sie leben nicht ihr Leben, sondern sie »geraten« ins Leben, und zwar in ein »wildes, wüstes«. Und sie, als die viel klügeren, gestehen dem Dummling gegenüber ein, daß nicht einmal sie im Leben durchkämen. Wie wolle er das dann schaffen.
Wenn die beiden als Erwachsene gelten, dann als solche, denen die »psychische Geburt« in Form von Symbiose – Trennung – Individuation in früher Kindheit nicht gelungen ist; und als Erwachsene versuchen sie unbewußt, die ungelösten Probleme und Themen der Kindheit zu bewältigen.
Wir könnten uns vorstellen, daß die beiden älteren Brüder die Übungsphase nicht intensiv genug leben konnten, zu stark in ihrer Freiheit eingeschränkt waren, wie dies bei erstgeborenen Kindern schon eher einmal geschehen kann; gerade bei älteren

Eltern, aus Angst, dem Kind könnte etwas zustoßen. Und nun, dem Alter nach erwachsen, stürzen sie sich in eine Welt voll Abenteuer, »ein wildes, wüstes Leben«. Zur Heimatbasis, die das Kind in der Übergangsphase noch braucht, finden sie nicht mehr zurück: Sie haben keinen sicheren Ort in der Welt und fühlen sich verloren.

Der Dummling dagegen wirkt anders. Er scheint einen sicheren Ort in der Welt zu haben, nämlich in sich. Daher stammt auch seine Zuversicht durchzukommen. Er findet seine Brüder und zieht trotz ihres Spottes mit ihnen fort. Er hat es offensichtlich nicht nötig, ihnen etwas zu beweisen, z. B. daß er doch nicht so dumm ist, wie sie denken. Er vermittelt den Eindruck, als ruhe er in sich selbst und habe die Anerkennung von außen nicht nötig – ein wichtiges Merkmal eines autonomen Individuums. Ein solcher Mensch sucht die Nähe von anderen Menschen, nicht weil er sie braucht, um durch die Welt zu kommen, sondern weil er gern mit ihnen zusammen ist. Das Charakteristikum der reifen Partnerschaft ist nicht, den anderen »haben«, sondern »mit ihm sein« zu wollen. An einem Ameisenhaufen angekommen, wollen die beiden älteren Brüder ihn »aufwühlen« und sich an der Angst der Tiere weiden. Der jüngere maßregelt nicht, ist nicht vorwurfsvoll und überlegen, sondern sagt nur »laßt die Tiere in Frieden, ich leid's nicht, daß ihr sie stört«. Die beiden Brüder sind im Märchen auch als identisch in ihrem Tun und Handeln beschrieben. Darin zeigt sich für mich, wie wenig sie sich als Einzelwesen differenziert haben und daß sie keine Konturen entwickeln konnten, die die Individuation ausmachen. Ebenso verhält es sich am See, als die älteren ein paar Enten fangen und töten, und am Bienennest, an dem sie die Bienen ersticken wollen, um so an deren Honig zu kommen. Wir sehen hier deutlich die Unterschiede zwischen den älteren Brüdern und dem scheinbar dummen jüngsten Bruder. Die beiden älteren wirken oberflächlich, unreif; die Welt scheint ihnen dazu gemacht, daß sie sich ihrer bedienen, wie in der Symbiose die Mutter dem Kind dient, gibt und ständig zur Verfügung steht, in Erweiterung von dessen Allmachtsphantasien.

Der jüngere Bruder ist verantwortungsbewußter, er schützt die Natur. Hier gibt uns das Märchen in den beiden älteren Brüdern ein sehr aktuelles Bild an die Hand. Die beiden Brüder können für die Menschen des industrialisierten, technisierten Zeitalters stehen. Jahre und Jahrzehnte haben wir übermütig über die Abenteuer und Möglichkeiten unseres menschlichen Erfindungsgeistes die Erde ausgebeutet, sie uns untertan gemacht und wenig darüber nachgedacht, wie sehr wir damit unsere »Heimatbasis«, »Mutter Erde«, zerstören. Erst in den letzten Jahren wird dies von immer mehr Menschen erkannt, und das Verhalten ändert sich (vgl. auch F. Diergarten: »Generative Symbolik«).
Die beiden älteren Brüder kann man in diesem Sinne als »intellektuell« verdorben bezeichnen. Sie haben durch geistiges Wissen ihr inneres Wissen verloren. Letzteres entspricht mehr dem »Fühl-Denken«, der magischen, physiognomischen, anthropomorphistischen Denkweise. Es ist die Fähigkeit von Kindern, häufig wesentliche Dinge des Lebens zu »schauen« und zu »erahnen«, wie schon im Kapitel 2 angedeutet wurde. Kinder verfügen noch über telepathische Fähigkeiten, insbesondere in bezug auf Personen und Dinge, die ihnen nahestehen.
Ich möchte ein weiteres Beispiel aus der kindlichen Entwicklung heranziehen. Meiner Meinung nach sind Kinder nicht per se »Tierquäler«. Bei kleineren Kindern können wir zwar beobachten, daß sie die Tiere oft sehr fest drücken, ziehen und zerren, das hängt aber mit einer motorischen Ungeschicklichkeit zusammen, die Feinmotorik muß sich erst noch herausbilden. Außerdem fallen viele Tiere dem kindlichen Entdeckungs- und Welteroberungsdrang zum Opfer. Neugierig gehen Kinder an Dinge heran, untersuchen und zerlegen sie. Hier bekommen Eltern oft Angst, daß ihr 2- bis 3jähriges Kind zerstörerisch sei, weil es den Wecker kaputtgemacht hat. Dabei wollte es sich vielleicht nur angucken, woher das komische Geräusch kommt. Sein Drang, den Dingen in seiner Weise auf den Grund zu kommen, ist etwas Konstruktives. Es geht an die Welt heran, nichts anderes bedeutet der Wortstamm von Aggression »ad-gredi«, auf eine Sache zugehen.

3- bis 4jährige Kinder haben in der Folgezeit eine oft ausgesprochen liebevolle Beziehung zu den Tieren. In einem Kindergarten drückte sich diese Liebe unter anderem dadurch aus, daß von allem möglichen Getier in der Verkleinerungsform gesprochen wurde. Marienkäfer wurden zu »Marinis«. Eines Tages fragte mich die Erzieherin der Kinder, ob ich denn schon die »Kellis« kennengelernt hätte. Als ich dies verneinte, liefen einige Kinder in eine Ecke des Gartens und brachten mir auf der Hand »ganz süße Kellis«. Diese waren nichts anderes, als die von mir weniger geschätzten Kellerasseln. Hier läßt sich sehr gut beobachten, was passiert. Die Kinder, die Spinnen, Regenwürmer usw. erst einmal gleichermaßen mit ihrer Aufmerksamkeit und ihrem Interesse bedenken, spüren sehr schnell, daß der Erwachsene lieber einen Marienkäfer anfaßt als eine Kellerassel. Zwar ließ ich mir eine der Kellerasseln auf die Hand setzen, aber den Kindern blieb sicherlich nicht verborgen, daß ich dabei nicht so locker war, als wenn es sich um einen Marienkäfer gehandelt hätte.
Kinder beobachten und registrieren sehr wohl, vor welchen Tieren wir Angst haben oder welche wir ekelig finden. Unsere Jagd auf Spinnen und Fliegen beobachten sie genau. Bei Kindern ab etwa fünf bis sechs Jahren kann man dann erstmals so etwas wie Tierquälerei beobachten. Allerdings muß man erst einmal ergründen, ob es wirkliches »Quälen« aus Freude daran ist, oder ob es nicht andere Ursachen hat. Wenn ein Kind aus Neugierde ein Tier tötet, weil es sich den Flügel genau angukken will, haben wir quasi einen Wissenschaftler in Kleinformat vor uns, dem die Befriedigung seines Wissensdurstes wichtiger ist als das, was mit dem Tier geschieht, einem erwachsenen Forscher nicht unähnlich.
Anders verhält es sich, wenn ein älteres Kind ein Tier quält, weil es kein Einfühlungsvermögen hat. Erst mit der Auflösung des Egozentrismus ist es Kindern möglich, sich in andere Menschen, aber auch Tiere, hineinzuversetzen. Es kann sich allerdings nur in das einfühlen, was es am eigenen Leibe erfahren hat. Wurde es selbst gequält, nicht geschätzt und

geachtet, so wird es das an andere weitergeben. Tiere, aber auch jüngere Kinder, bieten sich dann besonders an, weil sie sich nicht so wehren können.

Ich möchte noch einmal eine Parallele von den drei Brüdern zu der Geschwisterkonstellation in der Familie ziehen. Erstgeborenen Kindern wird häufig sehr früh mehr erklärt als den nachgeborenen. Abgesehen davon, daß sie, wie im Falle eines Einzelkindes, sehr viel mehr mit Erwachsenen, deren Sprache und Gedankengängen konfrontiert sind, resultiert oft daraus, daß die Eltern das Kind gerne auf ihre Stufe des logisch denkenden Menschen bringen möchten. Den später geborenen Kindern verbleibt ein größerer Schonraum. Die Eltern haben, dank des älteren Kindes, schon die Gewißheit, daß die andere Denkform früher oder später kommt, so daß sie es länger in der magischen Welt belassen können und es nicht zu früh in die Welt der Erwachsenen gezogen wird.

Bevor ich mich der Ankunft der drei Brüder im Schloß zuwende, möchte ich auf die Symbolik von Ameise, Ente und Biene eingehen. Es sind drei Tiere, in drei verschiedenen Lebensräumen zu Hause: Erde, Wasser und Luft, also Elemente, die auch wir dringend nötig haben, um zu essen, zu trinken und zu atmen; und wie sehr wir darauf angewiesen sind, daß sie nicht gestört werden, das haben wir alle nach den Ereignissen von Tschernobyl und Basel spüren können: was es heißt, wenn man nicht mehr weiß, welches Obst und Gemüse man ungefährdet essen kann und Wasser zum Kaffeekochen in Geschäften gekauft wird.

Symbolisch gesehen, schützt der jüngste der Brüder diese drei zum Lebenserhalt notwendigen Elemente, indem er nicht zuläßt, daß die Brüder die Tiere der Erde stören, die des Wassers töten und die der Luft durch Feuer ersticken. Er bewahrt die Natur vor dem Mißbrauch. Er respektiert die Tiere mit ihrem Lebensraum. Er ist noch instinkthaft und beweist eine gute Beziehung zur äußeren und damit auch zu seiner eigenen Natur. Damit hat er etwas, was seinen Brüdern und vielen Menschen verlorengegangen ist.

Die Elemente, in denen diese drei Tierarten leben, können auch stellvertretend für die verschiedenen Ebenen der menschlichen Persönlichkeit stehen. Das Wasser als Ort der Tiefe, das »Es«, »der ungezügelten Triebe«, wie Freud sich ausdrückt. Die Erde als Ort des Ichs, der Realität, und die Luft als geistige Sphäre, in der das Denken und auch das Über-Ich, das Gewissen, seinen Platz finden kann, wenn wir in der Freudschen Instanzenlehre von »Es«, »Ich« und »Über-Ich« bleiben.
Nicht die Schlauheit ist es, die einen Menschen auszeichnet. Es gehört mehr dazu: Offenheit, Geradlinigkeit, aber auch gütig und gutmütig sein zu können, nachsichtig. In der Absichtslosigkeit zeigt sich oft die eigentliche Weisheit.
Am Schloß angekommen ist alles unlebendig: kein Mensch zu sehen, in den Ställen Pferde aus Stein; nur hinter einer Tür, durch ein Lädlein zu sehen, befindet sich ein graues Männchen in einer Stube. Aber auch dieses hört nicht beim ersten Mal. Erst bei der dritten Anrufung löst es sich aus seiner Erstarrung. Trotzdem scheint es weiter unter einem Bann zu stehen, denn es schließt schweigend auf und führt, ohne zu sprechen, die Brüder an einen »reichbesetzten Tisch« und dann einen jeden in seine Kammer. Am anderen Morgen leitet es den ältesten Bruder durch Winken zu der Tafel, auf der die Aufgaben stehen. Dieses »Männchen« hat die Sprache verloren. Was heißt das, wenn ein Mensch zwar noch nicht ganz versteinert ist, aber nicht mehr sprechen kann? Die Kontakt- und Kommunikationsfähigkeit ist gestört, der Mensch auf sich selbst zurückgeworfen. Er ist lebendig und doch tot. Mir fallen Kinder ein, die im Mutismus ihre Fähigkeit zu sprechen einstellen, sich mit keinem Menschen mehr unterhalten oder im selektiven Mutismus nur noch mit einigen wenigen Menschen sprechen und mit anderen überhaupt nicht.
In diesem Märchen begegnet uns immer wieder die Zahl Drei. Drei Brüder, drei Begegnungen mit drei Tierarten in verschiedenen Elementen, dreimaliges Anrufen des grauen Männchens, das endlich drei Schlösser aufschließt und die drei Brüder zu drei verschiedenen Schlafkammern führt. Die Lösung von drei

Aufgaben führt zur vollen Integration und zu den drei Königstöchtern, die dreierlei Süßigkeiten gegessen haben.
Die Zahl Drei finden wir immer wieder in den Märchen. Ein Stilelement, das sich von Sprachwissenschaftlern bis in die Satzstruktur hinein verfolgen läßt. Wir sind hier auch in bezug auf die menschliche Entwicklung von einem Dreischritt ausgegangen. Die Zahl Drei hat eine magisch-mythische Bedeutung, die sich in diesem Märchen nicht nur in den Figurenkonstellationen wiederfindet, sondern auch im Handlungsablauf (drei Proben). Die bösen Zungen von Märchengegnern vertreten zwar die Ansicht, daß dies einfach ein »Trick« der Märchenerzähler gewesen sei. Um die Märchen besser zu behalten und wiederzugeben, hätte man vieles verdreifacht. Diese Erklärung ist aber ein wenig zu simpel.
Die Drei ist eigentlich immer der Ausdruck einer Synthese. Nehmen wir Mann und Frau, so ist das dritte das Kind, eine Vereinigung des männlichen und weiblichen Prinzips. Zwischen »gut« und »böse« gibt es immer noch etwas drittes. Die Zahl Drei läßt sich in den verschiedensten Religionen nachweisen und findet sich z. B. beim Christentum in der Dreifaltigkeit: Die Synthese aus Symbiose und Trennung ist die Individuation.
Die Aufgabe der drei Brüder besteht darin, das Schloß aus seiner Verzauberung zu erlösen und der Erstarrung entgegenzuwirken, um ihr nicht selbst zu verfallen. Dazu müssen drei Aufgaben gelöst werden.
Die erste Aufgabe: die Perlen der Königstochter im Wald unter dem Moos, »tausend an der Zahl«, bis zum Sonnenuntergang zusammenzusuchen. Wem dies nicht gelingt, wird selbst zu Stein. Wir ahnen gleich, daß eine solche Aufgabe keine reine Intelligenzleistung ist und auch nicht den beiden Brüdern entspricht, so wie wir sie kennengelernt haben. Im Vordergrund stand bislang das Abenteuer, die Zerstreuung. Wenn sie weitermachen wie bisher, so werden aus ihnen Menschen, die zwar tausenderlei gemacht, aber innen drin nichts erlebt haben. Die Jagd nach Neuem, ohne die Geduld und Anstrengung, auch mal

»auf der Stelle« zu bleiben und im Inneren zu suchen, kostet ihren Preis. Im Alter können solche Menschen hart wie Stein werden, ein Zustand der Gefühllosigkeit. Dieser tritt durch zu wenig Arbeit an sich selbst auf. Die beiden älteren Brüder sind zur »Wiederbelebung« des toten Schlosses nicht in der Lage. Sie haben bislang nur destruktive Impulse gegeben.
Die Aufgabe des Zusammensuchens der verschiedenen Teile – hier sehr edler Teile, nämlich Perlen – ist eine symbolische, das, was jeder Mensch in seinem Leben tun muß: sich selber suchen. Ein innerer Prozeß mit dem Ziel der Integration der verschiedenen Persönlichkeitsanteile, Verstand und Gefühl, männliche und weibliche Anteile.
Anders der jüngste Bruder. Er macht sich an die Aufgabe, merkt aber bald, wie schwer sie ihm fällt, wie mühsam sie ist, und er trauert, weint. Ich denke, das ist etwas Typisches, das jedem Erwachsenen widerfährt. Immer und immer wieder kommen Dinge in unserem Leben auf uns zu, die wir bewältigen müssen, aber nicht wissen wie. Die einen gehen sie ganz unbekümmert an und lassen, wenn es zu schwierig wird, alles liegen und stehen. Wieder andere stürzen sich verbissen in eine solche Aufgabe, beißen sich fest und keiner merkt, daß sie eigentlich Hilfe brauchen. Einige nehmen die Aufgabe erst gar nicht in Angriff, sondern gehen sofort zum nächsten über. Sie fliehen, statt standzuhalten.
Der Dummling zeigt meiner Meinung nach ein gutes Modell: er läßt seine Ohnmacht zu. Es gibt hinreichend Situationen im Leben, in denen man verweilen und die Trauer, den Schmerz, das Gefühl des Nicht-mehr-Könnens zulassen muß. Mit dieser Trauer verbunden ist auch das Gefühl der Kränkung, nicht allmächtig zu sein, sondern ohnmächtig. Nach solchen Phasen und Krisen geht es in der Regel weiter; nicht immer oder unbedingt durch Hilfe von außen, wenngleich auch das möglich ist. Jemand, der sich auch einmal schwach zeigen kann, wird eher Hilfe bekommen als

der, der immer so stark erscheint. Der Blick nach innen läßt oft Kraft und Mut schöpfen. Nach Zeiten der Selbstbesinnung wächst wieder eine innere, belebende Kraft.
Im Märchen steht der Dummling kurz vor der Verzweiflung; in seiner Trauer kommen dann Verständnis und Einfühlung von einer Seite, wo er selbst einmal uneigennützig hilfreich war. Die Ameisen helfen ihm. Bei der zweiten Aufgabe ist der jüngste Bruder nicht so verzweifelt. Er vertraut vielleicht auf die Hilfe, die in Form der Enten kommt. Eine von ihnen taucht stellvertretend für ihn in die Tiefe, in das Unbewußte. Möglicherweise gilt das als Hinweis, daß er sich jetzt mehr auf seine inneren Kräfte in der Tiefe verlassen kann.
Bei der dritten Aufgabe helfen die Bienen. Wir können hier sehen, daß die Natur das, was man ihr gibt oder läßt, reichlich zurückerstattet, denn ihre Kräfte ergänzen die unseren.
An dieser Stelle erfahren wir, daß das Schloß noch etwas anderes in sich birgt: den Schlafraum der Königstochter. Dies ist erneut ein Hinweis, daß es in diesem Märchen um die Individuation geht, denn diese symbolisiert sich in vielen Märchen in der gelingenden Partnerschaft. Das Wissen um die eigene Person macht es möglich, die Nähe zu einem anderen Menschen einzugehen, ohne dabei die nötige Distanz und damit »sich selber« zu verlieren.
Die dritte Aufgabe, die als die schwerste bezeichnet wird, mag zuerst befremdend anmuten, da es nun auf einmal drei Königstöchter sind. Äußerlich sind sie gleich und schlafen, d. h. sie sind nicht versteinert, aber in einem bewußtseinsfernen Stadium. Aus ihnen soll die jüngste und liebste herausgefunden werden, die, wie sich leicht ahnen läßt und später herausstellt, als Partnerin für den jüngsten in Frage kommt. Einziges Unterscheidungsmerkmal ist, daß jede von ihnen vor dem Schlafengehen eine andere Süßigkeit gegessen hat. Die älteste Zucker, die zweite Sirup und die jüngste Honig.
Uns Eltern von kariesbedrohten Kindern jagt vielleicht beim erstenmal ein kleiner Schauer über den Rücken, daß diese Kinder offensichtlich ohne Zähneputzen ins Bett gehen und

sogar noch Süßigkeiten vor dem Schlafengehen essen; aber das Märchen berichtet ja in Bildern und Symbolen, und die sagen, daß die jüngste und liebste das reinste Naturprodukt zum Süßen, den Honig der Bienen, zu sich genommen hat und in diesem Sinne zum jüngsten Bruder paßt. Die beiden anderen haben Süßigkeiten zu sich genommen, die weder edel noch naturrein sind.

Nachdem die Bienenkönigin dem »Dummling« dazu verholfen hat, die rechte Braut zu finden, ist der Zauber vorbei. Alle werden aus dem Schlaf erlöst »und wer von Stein war, erhielt seine menschliche Gestalt wieder«. In diesem Bild wird uns die Wiederkehr der Lebenskraft deutlich, die oft wie unter einem Bann stehen kann, gelähmt und unfähig, zu Neuem aufzubrechen. Diese Versteinerung stellt ein treffendes Bild für einen psychischen Zustand dar: die Depression.

Im Zustand der Depression sind Lebenswille und Lebenskraft lahmgelegt, ebenso wie bei Menschen und Tieren in unserem Märchen. Das Leben hat Farbe, Symbolkraft und Lebendigkeit verloren und wird fade. Selbst die ständige Suche und Sucht nach Neuem, die vielleicht lange Zeit zur Abwehr der Depression gedient hat, erlahmt. Diesen Prozeß der Versteinerung möchte ich im folgenden noch einmal im Leben vieler Menschen heutzutage beleuchten. Manche sind den vielfältigen Anforderungen zur Anpassung an sich häufig verändernde Lebensbedingungen nicht gewachsen, und sie versuchen auszuweichen. Einige tun dies, indem sie sich ganz auf die Familie, den privaten Lebensbereich zurückziehen. Dies äußert sich darin, daß sie von Montag bis Freitag quasi nicht wirklich leben, sondern nur die Zeit überstehen und auf das Wochenende warten. Das bedeutet nicht nur ungelebtes Leben in Beruf und Arbeit, sondern auch eine völlig überfrachtete Erwartungshaltung an die Familie oder Bezugsgruppe, die diesen Ansprüchen und Erwartungen gerecht werden soll.

Es gibt auch andere Möglichkeiten, in die frühe symbiotische Lebensform durch Konsum auszuweichen: indem sie sich füttern lassen durch Drogen, Alkohol, Fernsehen, Video, Radio, Walkman usw.

Ein »berauschtes« Leben wird der Anstrengung, die individuelle Lebensform zu finden, vorgezogen. Damit ist der Weg zur äußeren und inneren Natur verbaut. Der symbolhafte Zugang ist verloren und somit der verbindende Faden zwischen Innen- und Außenwelt abgerissen. Hier lehrt das Märchen uns Erwachsene zu sehen, was häufig auf unserem Lebensweg verlorengeht – die Verbindung zwischen Innen und Außen, die wir uns immer wieder mühsam suchen müssen. Dies drückt sich in unserer oft mangelnden Fähigkeit, mit Symbolen umzugehen, aus; denn diese sind es, die unserem Denken und Empfinden eine immer neue Qualität und Intensität geben können, die innere Kräfte und unsere möglichen Sehens- und Seinsweisen freisetzen, die wir auf unserem Weg mit den schwierigen, schier unlösbaren Aufgaben so dringend brauchen.

Ähnlich wie in *Rapunzel (KHM 12)* bekommen die älteren Brüder keine Strafe, sie gehen auch nicht leer aus, im Gegenteil: in diesem Fall werden sie sogar belohnt, indem sie die Schwestern heiraten. Für Kinder ist sehr rasch verständlich, warum das so ist. Sie waren ja auch nicht wirklich böse, sie haben sich dem jüngeren Bruder nicht widersetzt, sondern sogar auf ihn gehört und sich führen lassen. Sie stehen zwar noch nicht auf der höchsten Stufe der Individuation, sind noch nicht die Meister des eigenen Geschicks. Sie bedürfen der Leitung und Führung, deshalb bekommen sie auch die Frauen, die ihnen mehr entsprechen.

Der Dummling dagegen hat den Status der autonomen Persönlichkeit. Von den üblichen Regeln der Thronfolge und des Erbrechts abweichend, wird der jüngste Sohn König, zusammen mit der jüngsten Tochter, weil es den älteren Brüdern eben noch an einigem mangelt, was zur gelungenen Persönlichkeitsintegration gehört. Viele Kinder identifizieren sich mit dem Dummling der Märchen, da er das Äquivalent ihrer eigenen Situation darstellt.

Die Zahl Drei steht für die Familienkonstellation Vater – Mutter – Kind. Egal in welcher Rangfolge ein Kind auf die Welt kommt, es wird sich immer als das dritte, der Dummling, gegenüber den beiden mächtigeren empfinden. Hierzu paßt auch, daß die beiden älteren Brüder als nahezu identisch erlebt werden, so wie dies häufig bei Eltern der Fall ist. Zumindest in der Phantasie des Kindes können sie eine mächtige Einheit bilden. Möglicherweise haben wir in den beiden älteren Brüdern auch genau die Erwachsenen vor uns, die das Märchen ablehnen. Der jüngste Bruder ist der, der sich von einer anderen Weisheit leiten läßt, entsprechend dem Kind, das die Märchen liest und versteht.

Das Kind ist erst einmal ganz klar der Dummling. Nicht weil es weniger intelligent oder begabt ist, sondern auf Grund der Unerfahrenheit und mangelnden Bewußtheit seines Denkens und Handelns. Dies hat zur Folge, daß es sich gegenüber der Vielfalt des Lebens ratlos vorkommt. Auf der anderen Seite reagiert und handelt ein Kind mehr aus dem Unbewußten heraus. In diesem Sinn ist es dem Erwachsenen überlegen, so wie der Dummling als Pendant des Kindes seinen älteren Brüdern, die für die Erwachsenen stehen. Ähnlich wie in Märchen, in denen die böse Mutter durch Stiefmutter oder Hexe ersetzt wird, erleichtern hier die älteren Brüder an Stelle der Eltern dem Kind die Identifikation, denn es macht weniger Angst, ältere Brüder zu überflügeln. Die Rivalität und Konkurrenz mit den Eltern ist wesentlich bedrohlicher.

Wie bei allen Märchen ist hier wichtig, daß ein Kind sie nicht nur einmal, sondern mehrmals hört, weil sich nur dann die Gewißheit ergibt, daß es sich, ohne an Selbstachtung zu verlieren, mit diesem jüngsten, einem Dummling, identifizieren kann, da dieser letztendlich die Königstochter und das Königreich erwirbt.

Wir als Eltern vertreten unseren Kindern gegenüber immer wieder dieses Vernunftsprinzip und wollen es den Kindern antragen. Aber sie müssen, so schwer es uns fällt, ihre eigenen Erfahrungen machen. Gerade die Begrenztheit ihrer Erfahrung und ihres Wissens um die reale Welt schafft den Raum für

Phantasie, für schöpferisch-kreatives Ausfüllen nicht eindeutig besetzter Räume.
Hier sollten wir uns von den Kindern ansprechen lassen, entweder in unserer eigenen vergessenen Kindheit oder indem sie uns anregen, über Dinge nachzudenken, die uns selbstverständlich geworden sind, z. B. Spinnen in der Wohnung zu töten. Das »Warum gibt es Spinnen?« eines Kindes kann uns dazu bringen, über den Sinn von Spinnen erneut nachzudenken, nämlich, daß sie die Funktion haben, bestimmte Schädlinge in Schach zu halten.
Oder um mehr im Bild des Märchens zu bleiben: Ein 2½jähriges Kind, das durch das Sichtfenster des Backofens die Ente schmurgeln sieht, erfährt auf die Frage, was das sei: »eine Ente«. Wenn es weiterfragt, ob es wohl die schöne, bunte Ente sei, die es mittags im Park gefüttert habe, kann bei uns einiges in Gang gesetzt werden. Es verdeutlicht nämlich, wie sehr wir den Bezug zur natürlichen Welt verloren haben. Wir essen Dinge, die wir weder gesät noch geerntet, nicht gefangen und nicht geschlachtet haben; wir leben in Häusern, die wir nicht selbst gebaut haben; wir haben Wärme und Energie für den Körper und zum Kochen, ohne diese selbst zu erzeugen.
Wir fühlen uns frei von der Natur und ihren Widrigkeiten und beuten sie zugunsten eines bequemen Lebens aus. Wenn wir Kinder genau beobachten, so sind genau die uns entfremdeten Dinge für sie brennend interessant: Höhlen, Hütten, Häuser bauen, Feuer machen, Beeren, Blätter, Gräser sammeln und Nahrung zubereiten. Unbewußt erkennen sie auf ihren Welteroberungszügen genau die entscheidenden Prozesse, um als Mensch auf dieser Erde zu leben.

6. Märchen als Hilfe zur Symbolbildung

Was ist ein Symbol?

Laut Brockhaus ist ein Symbol »Sinnbild, im weitesten Sinn: der sinnliche Träger einer Bedeutung oder Meinung: Wörter als S. der gemeinten Sache; im engeren Sinn: Wort, Form, Gegenstand oder Vorgang, der nicht nur als solcher für sich alleine besteht oder auftritt, sondern noch etwas bedeutet, ausdrückt oder darstellt, was in einem verborgenen, tieferen Bereich liegt«.[9]
Ganz allgemein läßt sich ein Symbol als etwas charakterisieren, das mehr ist oder enthält, als man auf den ersten Blick wahrnehmen kann. Erich Fromm unterscheidet drei Arten von Symbolen:
1. Das konventionelle Symbol. Dazu gehören beispielsweise Worte wie Stuhl. Es sind Übereinkünfte, die aber keinen inneren Zusammenhang haben. Der Stuhl als Objekt hat mit dem Klanggebilde Stuhl nichts gemein.
2. Das zufällige Symbol. Es ist quasi das Gegenteil des konventionellen Symbols. Ein bestimmtes Musikstück kann einen Menschen traurig, den anderen fröhlich stimmen, da es mit individuellen Situationen gekoppelt ist, in denen es vielleicht zum erstenmal gehört wurde. In Märchen und Mythen haben wir fast keine zufälligen Symbole, in Träumen dagegen um so mehr.
3. Das universelle Symbol. Hier besteht ein Zusammenhang zwischen dem Symbol und dem, was es darstellt. Es ist die Symbolsprache, die keiner erlernen muß, sondern die sich jedem vermittelt.
»Es beruht auf der erfahrungsmäßigen Verbundenheit von Gefühl oder Gedanke einerseits und sinnlichem Eindruck andererseits. Es kann als universell bezeichnet werden, weil alle Menschen daran teilhaben, nicht nur im Gegensatz zum zufälligen Symbol, das seinem Wesen nach ganz persönlich ist, sondern

auch zum konventionellen, das sich auf eine Menschengruppe gleichen Herkommens beschränkt.«[10]
Das universelle Symbol ist das, was wir in den Märchen und Mythen wiederfinden.

Zur Entstehung von Symbolen und ihrer Bedeutung

Im folgenden soll kurz dem Ursprung der Symbolbildung nachgegangen werden, wie die Dinge dieser Welt ihren Symbolcharakter erhalten. Hierzu greife ich wieder auf das im dritten Kapitel beschriebene Konzept von Margret Mahler und vor allem auch auf Winnicotts Theorie des Übergangsobjektes zurück.

Symbiose. Voraussetzung für die Fähigkeit zur Symbolbildung ist die am Anfang eines jeden Lebens stehende Mutter-Kind-Symbiose, und zwar die positive, gelingende. In dieser engen Mutter-Kind-Beziehung schreibt sich das Kind die Bedürfnisbefriedigung selbst zu. Das Auftauchen der Mutter bzw. der Brust in Situationen des Hungers, führt das Kind auf seine eigene magische Allmacht zurück. »Ich schreie, die Nahrung kommt.« Die Mutter, mit ihrer nahezu vollkommenen Anpassung an das Kind, nährt die Illusion des Kindes, daß sie, ihre Brust oder die Flasche, ein Teil des Kindes selbst ist. Diese Allmachtsvorstellung überträgt das Kind auch auf die ersten Gegenstände der Außenwelt: so entstehen die Vorläufer der späteren Symbole, die sogenannten »Protosymbole«.

Differenzierung. Erst nachdem die »gute Mutter« ihrem Kind diese Illusion gewährt hat, beginnt die allmähliche Desillusionierung: indem sie nicht gleich zur Verfügung steht, wenn es schreit, ihm aber mit bestimmten stimmlichen und sprachlichen Signalen ihre Anwesenheit und Nähe mitteilt, und das Kind auch allmählich diese Signale wahrnehmen kann. Dadurch wird in Ansätzen das Getrenntsein der beiden spürbar.

Übergangsobjekte. An dieser Stelle tritt bei vielen Kindern das sogenannte »Übergangsobjekt« auf, das für die Mutter steht. Als

erstes Symbol ist es gekoppelt mit Nahrung, dem Geruch der Mutter, mit mütterlicher Wärme und Geborgenheit.
Für uns Erwachsene ist das Übergangsobjekt ein beliebiger Gegenstand: ein Tuch, ein Stoffhund, ein Kissen, ein ganz gewöhnlicher Schnuller, wie es Hunderte von anderen auch gibt. Für das Kind aber verkörpert er etwas Individuelles, Eigenes, kreativ Schöpferisches. Zehn völlig gleichartige Stoffhunde als Übergangsobjekte bei zehn verschiedenen Kindern, stehen als zehn völlig verschiedene, innerlich angereicherte Symbole der Person Mutter, die bei allen zehn Kindern in ihrer Art der Bemutterung eine andere ist.

Loslösung. Mit der Trennung: das Kind als »Selbst«, die Mutter als Objekt, beginnt die Loslösung und eine erste Form der Autonomie. Durch das Vertrauen und die Sicherheit des Kindes, daß die Mutter wiederkommt, entsteht ein Freiraum, den das Kind nutzt, um zu spielen: mit sich, seinem Körper, oder Gegenständen. Es entsteht das, was Winnicott den »intermediären Raum« nennt, den Spielraum, den jeder Mensch auf seine Weise zum »Spielen«, zum »Kreativsein« nutzt; vorausgesetzt, die Mutter hat ihrem Kind diesen »potentiellen Raum« möglich gemacht. In den Übergangsphänomenen und im Übergangsobjekt haben wir erste Manifestationen des Potentials zur Symbolisierung, der Fähigkeit, den Dingen eine Bedeutung zu geben.

Individuation. Mit zunehmender Individuation verändert sich die Fähigkeit, Symbole zu bilden und zu verstehen, in qualitativer Hinsicht. Immer vorausgesetzt, diese durfte lebendig bleiben und wurde nicht durch zu einseitige Forderung des Intellekts »fortgebildet«. In einer Welt der Technik und Wissenschaft sind Dinge, die zunächst unverständlich erscheinen, äußerst bedroht, da sie mit diesem Geiste nicht erfaßbar sind. Ängste, Phantasien, Wünsche, Träume werden wegrationalisiert. Jeder Mensch, ob Kind oder Erwachsener, braucht aber den zuvor beschriebenen »intermediären Raum«, um im psychischen Sinn lebendig und kreativ bleiben zu können.

Märchendeutung

Ich möchte noch einmal betonen: Kindern soll man die Märchen und ihre Symbole nie deuten. Genausowenig wie ihr Spiel, ihre Zeichnungen, ihre Träume. Wir können sie nur insofern »benutzen«, als wir mit und durch sie mit ihnen ins Gespräch kommen und so über ihre Phantasien, Wünsche, Ängste, Nöte und Freuden reden können.

Vielen Erwachsenen müssen wir die Märchen deuten, denn sie haben ihre eigentliche Sprache, die Sphäre, aus der die Symbole einmal hervorgegangen sind, vergessen. Der Zugang zu den tieferen Schichten ist verbaut. Das »neue Wissen«, Intellekt und Verstand, ist an diese Stelle getreten. Etwas ketzerisch könnte man sagen: die »Vatersprache« hat die »Muttersprache« verdrängt. Im Bild des Märchens und der Mythen steht der Mann, das männliche Prinzip, symbolisch für Wissen und Geist, und die Frau, das weibliche Prinzip, für die Emotion, die Wahrung und Erhaltung der Ursprünge. Dem stillen Aufschrei mancher Leserin an dieser Stelle möchte ich gleich entgegenhalten, daß bereits im 4. Kapitel zum Ausdruck kam, daß so nur ein ganz einseitiger Mann bzw. eine Frau beschaffen ist. Aufgabe eines jeden Menschen, ob Mann oder Frau, ist es, die beiden Prinzipien, das des Gefühls und des Verstandes, die weiblichen und die männlichen Anteile zu integrieren.

Mittels der Deutung kann der Erwachsene die Symbolsprache zumindest teilweise wieder erlernen. Allerdings muß die Wirkung des Märchens nicht immer über Verstand und Deutung erfolgen, dies ist mehr als Noteinstieg gedacht. Vielen Menschen gelingt es, direkt über die symbolische Ausdrucksweise der Märchenbilder zu ihren tieferen Schichten vorzudringen.

Märchen und Traum

In der Umgangssprache sagt man gelegentlich für Schlafengehen: »Ich gehe mich von innen begucken.« Beschaut man das, was sich nachts tut, so kann man vieles über die eigene Lebenssituation erfahren.
Aber wer beguckt sich schon gerne »inwendig«, d. h. seine nächtlichen Träume? Anders als die Märchen, finden die Träume Eingang bei jedem Menschen.
Jedes Symbol eines Traums kann für jeden Menschen eine andere Bedeutung annehmen. Fromm nennt dies das »zufällige Symbol« und C. G. Jung das »persönliche Unbewußte«.
Darüber hinaus kann man aber auch beobachten, daß bestimmte Symbole bei vielen Menschen ähnliche Empfindungen aktivieren. Das bezeichnet Jung als das »kollektive Unbewußte«.
Letzteres zeigt sich darin, daß in den Mythen und Märchen der verschiedenen Völker ähnliche Symbole auftauchen, ohne daß eine Überlieferung zwischen den Völkern nachzuweisen wäre. Beispielsweise entspricht die Baba-Jaga der russischen Märchen unserer Hexe.
Auch in den Träumen finden sich immer wieder solche Bilder und Motive wie im Märchen, so daß von daher auf eine Teilhabe aller Menschen an dem »kollektiven Unbewußten« geschlossen werden kann. Menschen träumen z. B., sie werden zu Stein, ähnlich dem *treuen Johannes (KHM 6),* sie sind »eingesperrt« wie Hänsel, oder ein Baum trägt keine Früchte und ähnliches mehr.

Der Verlust der Symbolfähigkeit

Es fällt uns »modernen Menschen« meist schwer, Dinge zu glauben, die wir nicht überprüfen können. Parallel mit dem zunehmenden Verlust der Bedeutung von Religion und Glauben in unserer Gesellschaft verläuft die Unfähigkeit vieler Menschen, Symbole zu bilden.

Symbolverlust heißt, den Kontakt zu den Lebenswurzeln und zur Realität verlieren. Entsprechend der zuvor beschriebenen Symbolbildungsprozesse erwachsen sie aus dem Prozeß der Trennung und Individuation, der lebenslang anhält. Diese »verborgene Weisheit« können wir in zahlreichen Symbolen von Mythen und Märchen wiederfinden: Leben heißt, in die Autonomie der eigenen Person zu finden, was immer mit Loslösung und Trennung verbunden ist. Die Helden der Märchen und Mythen, die diesen Prozeß zu umgehen suchen, verlieren das Leben. Übertragen auf uns heißt das: Wer diese Entwicklung ins eigene Leben, mit der die Symbolbildung eng verbunden ist, vermeidet, der bleibt nicht lebendig, sondern wird starr und depressiv.

»Wenn viele Menschen heute darüber klagen, daß der Alltag ihnen keinen Raum mehr lasse, sie selbst zu sein, dann mag man darin ein Symptom dafür erblicken, daß der Alltag den einzelnen zu verschlingen droht wie eine symbiotische Mutter ihr Kind. Die Folge dieses Verschlungenwerdens ist die Unfähigkeit, ein Ich-Gefühl zu entwickeln und die Unfähigkeit zur Symbolbildung. Symbole haben ja die Funktion zu verbinden und zu distanzieren.«[11]

Gerade die Märchen können hier zwischen Erwachsenem und Kind eine wichtige Funktion einnehmen, auf die ich im nächsten Abschnitt eingehen werde.

Der Vorgang des Märchenerzählens als Symbiose und Individuation

Insbesondere in unserer Zeit ist das Vorlesen oder Erzählen eines Märchens durch Vater oder Mutter eine ganz besondere Zuwendung. In vielen Fällen hat die »elektrische Oma« in Form des Kassettenrecorders oder Plattenspielers diese Stelle eingenommen. Leider, denn für diese Medien eignen sich die Märchen meiner Meinung nach nicht. Eigentlich waren sie auch nicht zum Lesen gedacht, sondern ihre Bildhaftigkeit spricht ein offenes

Ohr, ein »schauendes Auge« an und keines, das mit dem Dechiffrieren von Buchstaben beschäftigt ist – wie beim Lesen.
Ein Kind, dem die Märchen vorgelesen oder erzählt werden, macht verschiedene wichtige Erfahrungen. Eine davon ist, daß es in der Erzählsituation sehr viel Nähe mit Mutter oder Vater erfahren kann. Ich beschränke mich im Moment bewußt auf diese beiden Personen. Es kommt mit ihnen wieder in einen »symbioseähnlichen« Zustand. Gleichzeitig aber hört es von Riesen, die durch kleinere, unterlegene Wesen überwunden werden; von Kindern, die von den Eltern wegziehen und ins eigene Leben finden; daß Eltern, die ihre Kinder nicht lassen können, bestraft werden usw. Während das Kind eng mit den Eltern verbunden ist, hört es gleichzeitig von Trennung und Individuation. Das heißt, wir haben eine Situation vor uns, die genau dafür geschaffen ist, Symbole lebendig werden zu lassen. Man kann zwar einwenden, daß dies auch mit anderen Literaturarten gehen mag. Das stimmt, aber die Märchen eignen sich besonders gut hierzu.

Symbolerziehung

Die Mehrzahl der Kinder hat eine ursprüngliche Beziehung zu den Symbolen. Unsere Aufgabe ist es, sie zu erhalten. Da die Symbole über die Beziehungsebene hinaus stark mit der »sinnlichen Wahrnehmung« der Welt verknüpft sind, gehört unter anderem dazu, die Sinne des Kindes im »rechten Sinn« zu fördern und zu entwickeln. Zu den einzelnen Sinnen:
Das Tasten, das die Funktion hat, die Welt zu »begreifen«, darf nicht zu früh eingeschränkt werden. Der Klaps auf die Hand beim Anfassen von Gegenständen ist hier symbolisch als Verbot zu sehen, die Welt und die Dinge in ihr anzufassen und zu fühlen. Das überträgt sich auf das Begreifen und die Gefühle. Es ist bis in die menschlichen Beziehungen hinein zu verfolgen, wo das Sich-Anfassen, das Sich-gegenseitig-»Begreifen«, Fühlen und Spüren selbst unter vertrauten Menschen oft sehr schwierig ist. Beim

Hören, mit offenen Ohren die Schwingungen der Welt, der anderen Menschen, ihrer Worte, in sich hineinkommen lassen, besteht die Gefahr, unseren Kindern die Ohren zu früh »vollzudröhnen«, sei es mit erklärenden Worten oder den Geräuschen von Apparaten und Maschinen, die taub machen für den eigentlichen Klang der Dinge.

Das Riechen dient dazu, die Umgebung mit ihren Duftstoffen in sich aufzunehmen. Wir können Kinder leicht dazu bringen, daß sie nichts und niemanden mehr »riechen« können. Ein Punkt, wie Kindern immer wieder die Luft »verpestet« wird, ist beispielsweise das unbekümmerte Rauchen in Anwesenheit von Säuglingen und Kleinkindern oder in deren Lebensräumen. Ein Erwachsener sollte in der Lage sein, sich dagegen zu wehren, aber den Kindern wird häufig ungefragt »die Luft weggenommen«. Wen wundert's, wenn sie einen dann »nicht mehr riechen können«.

Im Sehen kommen wir zu dem Teil der Sinn- und Symbolerziehung, der besonders stark mit den Märchen verbunden ist. Der Blick eines Kindes ist zunächst offen und direkt. Es sieht vieles, auch das, was es vielleicht nicht sehen soll, zum Beispiel wenn wir Dinge tun, die wir dem Kind verbieten. Mit diesem weltoffenen Blick kann Unterschiedliches geschehen. In jedem Fall wird er über kurz oder lang gelenkt, eingeschränkt oder eingeengt.

Als Eltern und Erzieher müssen wir uns immer wieder klarmachen, was wir unseren Kindern vor Augen führen. Viele Eltern strengen sich an, daß es etwas ganz Besonderes sein muß. Das darf es auch sein. Bei vielen sieht das aber so aus, daß die Kinder viel zu früh in Märchenparks mitgenommen werden. Und das in einem Alter, wo der herbstliche Waldboden oder das Ufer eines Flusses die inneren Bilder des Kindes viel mehr anreichert. Auch hier besteht die Tendenz, die Wahrnehmung mehr mit »künstlichen« als mit »natürlichen« Bildern zu nähren.

Hier möchte ich noch einmal auf das Medium »Fernsehen« zurückkommen; im Umgang damit wird das Problem besonders deutlich. Sicherlich ist es eine wichtige technische Erfindung. Aber unsere Aufgabe ist hier, daß wir sie im Griff haben und nicht umgekehrt.

In schneller Folge laufen Bilder vor uns ab, durch die wir, je nach Sendung, mehr oder weniger stark gefühlsmäßig angesprochen werden, ohne daß sich viele innere »Bilder bilden«. Dafür sind, insbesondere für das Kind, Bildsequenz und Abfolge viel zu rasch, und das Auge ist zu sehr mit äußerem Schauen absorbiert, als daß es noch innere Bilder formen könnte, wie dies beim Lesen eines Buches, beim Hören einer Sendung, einer Geschichte, eines Märchens der Fall ist.
Kinder kann und sollte man nicht vom Fernsehen fernhalten, aber die Zeit, die sie damit verbringen, müßte ganz klar begrenzt sein und dürfte im Vorschulalter nicht mehr als dreißig Minuten betragen. In vielen Familien fungiert der Fernsehapparat, ähnlich wie ein Radio, als Hintergrundkulisse: er läuft, ohne daß er wegen etwas Bestimmtem angeschaltet wurde. Genau das erzieht zur falschen »Sinnesentwicklung«, sehen, aber nicht richtig, nur nebenher, während das andere, das man dabei macht – essen, spielen usw. – auch nur eine Restaufmerksamkeit erhält.

Das Märchen und seine Symbole als Begleiter in die Individuation

Ich möchte den Prozeß der Menschwerdung noch einmal zusammenfassend beleuchten. An Hand der bereits vorgestellten Märchen und dem Konzept von Mahler konnten wir sehen, worum es im Märchen wie im Leben eines jeden Menschen geht: um die Ausbildung der Identität, die Einmaligkeit eines jeden Menschen, das Erreichen der Individuation – und das als ein ständig in Bewegung bleibendes Geschehen. Die Person, die das erfolgreich durchläuft, gewinnt ihre Identität, ihr Königreich, und ist in der Lage, die von außen und innen kommenden Anforderungen zu integrieren.
Dabei ist der Mensch aber immer wieder zwiespältigen Gefühlen ausgesetzt, Ambivalenzen, wie es in der Psychoanalyse genannt wird. Die Ambivalenz haben wir schon beim Kind in der Wieder-

annäherungskrise kennengelernt, auch bei verschiedenen Märchenhelden. Es ist der Wunsch nach Autonomie und der Wunsch nach dem »Gehaltenwerden«. Gleichzeitig macht sich die Angst vor beidem breit. Zurück in den symbiotischen Zustand hieße: sich selbst aufgeben, »das Leben verlieren«. Die Flucht vor der Symbiose in Form des totalen Nach-vorne-Gehens ist das andere Extrem: alles Alte wird abgelehnt, über Bord geworfen, z. B. Traditionen, Feste, Gebräuche usw.

Die dauerhafte Überbetonung einer Sache im Leben eines Menschen weist zumeist auf die Abwehr des anderen Pols hin. An diesem Punkt, dem Umgang mit Ambivalenzen, werden die Symbole wichtig. Sie können helfen, einen Zwiespalt aufzuheben. Zwar nehmen die märchenhörenden Kinder das Angebot der Symbole zur Lösung von Zwiespältigkeit nicht bewußt und logisch auf, wie wir es hier tun. Aber sie erleben es direkt und benutzen das Märchen als Projektionsfläche.

Auf dem Weg zur Individuation gibt es viele Hindernisse, Krisen, Konflikte. Das Kind muß lernen, die verschiedenen gegensätzlichen Seiten zu integrieren; das eigene Böse wie das Gute, die Ängste und die Freuden, seine hellen und seine dunklen Seiten. Diese menschlichen Wahrheiten können wir Kindern am besten in ihrer Sprache nahebringen, nicht als Fakten, sondern als Symbole. Märchen erzählen immer wieder von diesen Themen: von Menschen, die noch nicht fertig sind und sich auf die Suche machen; Aufbruch, Abenteuer, Not und Erlösung nach entsprechenden Bewährungsproben; ein Königreich erwerben, König sein.

Für den Entwicklungsprozeß des Kindes mit seinen zeitlich schnell aufeinanderfolgenden, unterschiedlichen Schritten, die inhaltlich dramatisch und aufregend sind, bieten Märchen Hilfen bei den verschiedenen Übergängen, Problemen, Krisen und Konflikten. Sie zeigen, daß bei entsprechender Anstrengung das Leben gelingen wird. Dazu gehört das bildhafte Erfassen von Wahrheiten bzw. Wirklichkeiten.

Der Mensch hat die Fähigkeit, aus dem unbewußten Teil der Psyche innere Bilder zu entwerfen. Die kindliche Psyche ist noch

ganz von diesen inneren Bildern, dem Unbewußten, erfüllt. Das Bewußtsein, das diese Welt zu ordnen beginnt, bildet sich erst allmählich heraus. Kinder unterscheiden zunächst nicht zwischen Bildwelt und Alltagsrealität und finden ihre eigenen Erfahrungen in den Märchen widergespiegelt; Erfahrungen, die sie nicht aussprechen und noch nicht verstehen, die ihnen aber in der Entwicklung weiterhelfen können: ein kleiner, unbedeutender, geringgeachteter Mensch, ein Dummling, ein Aschenputtel, ein Eselein oder Däumeling verändert sein Geschick. Das erfordert zwar eigene Anstrengung, es wird aber auch durch wundersame Hilfe unterstützt.
In diesen symbolischen Bildern entwirft das Märchen ein Bild der Entfaltung menschlichen Lebens von der Kleinheit zur Ganzheit und vermittelt Zuversicht, sich auf das Abenteuer einzulassen. Der Sprung ins Ungewisse kann gewagt werden.

Einige Märchensymbole und ihre Bedeutung

Im folgenden werde ich einige wenige Symbolbilder, die in Märchen auftreten, aufgreifen und deutlich machen, was sich »auftun«, aber auch »verbergen« kann.

1. Menschengestalten

a) *weibliche:* Mädchen, junge Frau, Prinzessin, alte Frau, Königin stehen für die seelische, emotionale Entwicklung. Als Mutterfiguren (alte Frau, Königin, Hexe, Köchin) stellen sie oft den Doppelaspekt dar: nährend, schützend, aber auch fressend, bedrohend. Häufig finden wir eine Stiefmutter, wörtlich: steife Mutter, als die verhärtete egoistische Mutter.

b) *männliche:* Knabe, Jüngling, Prinz, alter Mann, Greis, König stehen mehr für die geistige Entwicklung. Vom heranreifenden Menschen zum wissenden. Im alten Mann, Greis, dann die Stufe des »wissenden«, weisen Menschen.

c) *Hochzeit von Mann und Frau, Prinz und Prinzessin:* die Vereinigung des geistigen mit dem seelischen Prinzip, die höchste Form der Selbstfindung, wenn sich beide Prinzipien miteinander vereinen. Nach C. G. Jung die Verschmelzung von Animus und Anima.

2. Tiergestalten sind im allgemeinen Sinnbilder für unsere instinkthafte Natur. Die Verwandlung eines Menschen in ein Tier bedeutet das Herabsinken von einem vernunftbegabten in ein triebhaft-animalisches Wesen.

a) *Ameise:* erdgebundenes Tier, häufig Sinnbild für Ausdauer, Eifer, Anstrengung und auch soziales Zusammenhalten.

b) *Biene:* ebenfalls Sozialwesen im Bienenstaat, Tier der Sonne, das aus Pflanzensubstanz süße Nahrung herstellen kann; Fleiß, Ausdauer.

c) *Schlange:* versuchende, aber auch sich immer erneuernde Kraft (Häutung).

d) *Wolf:* verschlingend, fressend, symbolisiert er eine bedrohende Macht; er steht aber auch für Listigkeit und Schlauheit.

e) *Esel:* im Gegensatz zum Pferd kein Reittier, sondern ein Tragetier, das auf der einen Seite störrisch und widerspenstig ist, aber auch geduldig, ausdauernd.

f) *Kuh:* Sinnbild für nährende Lebenskraft.

3. Naturerscheinungen

a) *Wald:* Ort des Unbekannten, Geheimnisvollen; Ort des inneren Dunkels, Dickicht. Wege müssen gefunden werden.

b) *Wasser:* lebensspendend, ursprüngliches Element.

c) *Fluß:* Symbol des Lebens; nichts ist beständig, sondern alles in der Entwicklung, im Fluß.

4. Gegenstände

a) *Spinnwerkzeuge:* Spinnen als Denkprozeß, aber auch das Spinnen des eigenen Lebensfadens.

b) *Ofen:* Ort der Wärme, Symbol für Geborgenheit, häufig auch Mutterleib.

5. Zahlensymbolik
Am häufigsten finden sich die Zahlen *Drei, Sieben* und *Zwölf*. Die Drei war schon das heilige Grundmaß der alten Ägypter. Sie dient immer wieder als Zeichen der grundlegenden Form der Kräftebeziehung. Trinität, Dreieinigkeit in der christlichen Glaubenslehre; aber auch die Drei als Synthese: Mann-Frau-Kind. Die Sieben als Zahl der Entwicklung, die Zwölf als Zahl der Harmonie und Vollkommenheit.
Weitere Symbole und ausführlichere Deutungen sind in der entsprechenden Spezialliteratur zu finden.

Unsere Sprache ist fähig, die kompliziertesten Sachverhalte darzustellen; in bezug auf Gefühle und die Darstellung von Empfindungen aber ist sie verarmt. Wo können wir sie wieder bereichern?
Die Sprache unserer Gefühle begegnet uns in vollem Ausmaß in Schlaf und Traum. Sie ist ähnlich wie in den Mythen und Märchen.
Friedrich von der Leyen bezeichnet das Märchen als die verspätete Tochter des Mythos. Mythisches Denken mit seiner Symbolsprache hat aber schon lange keinen Platz mehr im Rahmen des rationalen, naturwissenschaftlichen Denkens. Das Märchen bemüht sich im Moment wieder um einen ihm gemäßen Platz, nicht nur im Leben der Kinder, sondern auch in dem der Erwachsenen.
C. G. Jung nennt die Mythen und Märchen die »Träume der Völker«. Zwar ist das Verstehen dieser Sprache kein Allheilmittel gegen die heutige Zeitkrankheit Sinnentleerung, innere Leere, Depression. Aber sie kann uns helfen, vieles aus unserem Inneren wieder zu verstehen.

Zweiter Teil

Friederike Smeets

1. Märchenerzählen – eine Kunst?

Seit nunmehr drei Jahren bin ich Märchenerzählerin. Dabei habe ich wenig gemein mit den Damen und Herren, die, der traditionellen Vorstellung gemäß, im Ohrensessel sitzend die Kinder um sich scharen, um diese mit Hilfe des dicken Märchenbuches ins Land der Fabelwesen zu entführen. Als junge Frau und Mutter von drei Töchtern sehe ich im Märchenerzählen eine wichtige Komponente der heutigen Erziehung. Meine Absicht ist es, die Kinder zur Eigenverantwortlichkeit anzuleiten und in ihnen die Bereitschaft zu wecken, sich ihre Umwelt zu erobern und nach ihren Vorstellungen mitzugestalten. Die Märchenhelden haben eben dieses Ziel vor Augen. Ihre Geschichten beschreiben, wie mühsam der Weg ist, welche Probleme und Schwierigkeiten auftreten und daß man der Auseinandersetzung mit den gefährlichen Gegnern nicht ausweichen kann. Da sie aber am Ende über das Böse siegen und sich ihr Glück erkämpfen, vermittelt das Märchen dem Zuhörer, daß sich die Anstrengung lohnt und kein Ziel unerreichbar bleibt. Diesen Optimismus halte ich für lebensnotwendig, denn den Kindern, die in unserer heutigen Zeit aufwachsen, werden die auf sie zukommenden Probleme all ihre Tatkraft, aber auch ihre Phantasie abfordern. Für mich sind Märchen ein Schatz, von dem große und kleine Leute profitieren sollen, und ich möchte dieser wertvollen, fast schon in Vergessenheit geratenen Literaturgattung wieder »Gehör verschaffen«. Da sie beim stummen Lesen viel von ihrer Anziehungskraft einbüßen, läßt erst die mündliche Vermittlung diese Geschichten lebendig werden. Außerdem sehe ich im Erzählen die Möglichkeit, den anonymen, technischen Angeboten etwas entgegenzusetzen, um nicht schon die Kinder zu Konsumenten der Unterhaltungsindustrie werden zu lassen.

Erzählen ist keine Kunst, sondern eine menschliche Fähigkeit, die keine besondere Begabung oder eine spezielle Schulung voraussetzt. Sobald das Kind die Sprache als Ausdrucksmittel entdeckt, beginnt es, sich im Erzählen zu üben. Der Wunsch, sich mitzuteilen und mit seiner Umwelt Kontakt aufzunehmen, unterstützt die Ausbildung dieser Fertigkeit. Wenn man das Kind ermutigt, sein sprachliches Vermögen nicht nur funktionell, sondern auch spielerisch einzusetzen, so gibt man ihm die Möglichkeit, die seiner Entwicklung gemäßen Geschichten zu erfinden, mit diesen Geschichten heranzuwachsen und an diesen Geschichten seine Phantasie und Kreativität zu entwickeln.

Menschen, die Geschichten kennen, haben etwas zu erzählen. Sie besitzen einen Schatz, der seinen Wert offenbart, wenn sie ihn mit anderen teilen. Diese Geschichten zeichnen sich nicht durch Neutralität und Objektivität aus, sie spiegeln individuelle Empfindungen und subjektive Ansichten wider, die der Erzähler bereit ist einzubringen. Jede Geschichte legt somit ein Stück Persönlichkeit offen und bietet die Diskussion um eigene Standpunkte an.

Vielleicht ist gerade dieser Aspekt ein Grund dafür, daß das Geschichtenerzählen in unserer heutigen Zeit kaum noch praktiziert wird. Die Erzähler bleiben lieber anonym und verstecken sich hinter dem Medium Buch. Menschen, die die lange Tradition des mündlichen Erzählens weiterführen, werden immer seltener.

Früher, in den vorindustriellen, mehr bäuerlich-handwerklich orientierten Gesellschaften, hatte das Erzählen eine festumrissene Aufgabe innerhalb des sozialen Zusammenlebens. Geschichten wurden von Erwachsenen für Erwachsene erdacht und erzählt, um zu informieren und zu unterhalten. Die Menschen waren Analphabeten, und die Medien, die in unserer Zeit diese Funktion übernommen haben, existierten noch nicht. Das Leben der Menschen war mehr aufeinander bezogen; es war eindrücklicher bestimmt von Ereignissen wie Geburt, Taufe, Hochzeit, Krankenlager und Tod, von den gemeinsamen Reisen, der gemeinschaftlichen Arbeit und den traditionellen Festen. All das

waren Gelegenheiten, wo die Tradition des Erzählens gepflegt und weitergegeben wurde.
Die Entwicklung und Ausbreitung der Medien, des Buches, der Zeitung und anderer Druckerzeugnisse, des Radios und Fernsehens, haben den unmittelbar erzählenden Menschen verdrängt. Der sprachschöpferische Mensch ist heute ein Schreiber, sein Kommunikationspartner der Leser (vgl. Janning, J. in: Märchenerzähler – Erzählgemeinschaft, hrsg. v. R. Wehse, Kassel 1983).
Dieser Wandel von der mündlichen zur schriftlichen Form hat zur Folge, daß die Tradition des Erzählens in unserem Kulturraum nicht mehr existiert. Heute beginnt man, die Gefahren dieser Tendenz zu erkennen. Durch die fortschreitende technische Entwicklung hat der einzelne verlernt, sich als Mitglied einer Gemeinschaft zu fühlen. Er ist isoliert, oft schon vereinsamt, Gemeinschaftsgefühl oder Gemeinschaftserlebnisse sind ihm fremd, er verliert die Fähigkeit, mit anderen zu kommunizieren. Selbst bei Kindern kann man bisweilen beobachten, wie sie ihre Spontaneität zugunsten eines kalkulierten Handelns aufgeben, sich aus dem Gemeinschaftsleben zurückziehen und die Konzentration all ihrer Bemühungen ausschließlich auf die eigene Person richten. Unser Zusammenleben wird immer anonymer und damit inhumaner. Wir werden unfähig, miteinander zu reden.
Das Erzählen ist nun eine Möglichkeit der menschlichen Kommunikation, die man wieder neu entdeckt, und in diesem Zuge erfährt das Märchen als Erzählstoff eine Renaissance.
Insbesondere Volksmärchen sind solche Geschichten, die zur Brücke zwischen Erzähler und Zuhörer werden. Der Erzähler kann sich nie ganz hinter ihnen verstecken, da er immer einen Teil von sich mithineinlegt, und der Zuhörer wird durch die Märchen angerührt, da er sich in ihnen wiederfindet. Außerdem erfüllen sie die Funktion, zu unterhalten und zu informieren.
Warum müssen wir aber auf so alte Geschichten zurückgreifen? Gibt es keine Märchen, die in unserer Zeit entstanden sind? Doch, es gibt moderne Märchen. Gerade in den letzten Jahren kann man den Trend zur phantastischen Literatur immer stärker beobachten. In den Geschichten begegnet man wieder den Zwer-

gen und Riesen, den Elfen und Hexen, den sprechenden Tieren und der belebten Natur, deren Existenz noch vor einigen Jahren rundweg geleugnet wurde. Aber trotzdem scheint zwischen diesen Erzählungen und den alten Volksmärchen ein Unterschied zu bestehen. Reaktionen der Kinder machen das deutlich. Manchmal habe ich die Gelegenheit, in Schulen Unterrichtsreihen zum Thema Märchen zu geben. Mein Ziel ist es, den Schülern die ganze Bandbreite der Literaturgattung Märchen vorzustellen. Doch wenn ich am Ende der Stunde frage, welches Märchen ich abschließend erzählen soll, lautet die Antwort stets: »Egal, hauptsache ein altes.« Zum einen liegt der Reiz dieser Geschichten in der Bilder- und Symbolsprache. Selbst wenn man heute versucht, Geschichten mit ähnlichen Motiven zu erdenken, so ist diese Tiefe und Dichte nicht mehr herzustellen. Unser Bewußtsein ist ganz anders ausgerichtet, und das bildhaft-anschauliche Denken, dem die Bilder mit ihrer Aussagekraft entspringen, ist uns fremd geworden. Außerdem verfügen wir nicht mehr über die geeignete Sprache, solche Vorstellungen zu formulieren. Unser Wortschatz ist so reduziert und verarmt, daß die altertümliche Sprache sicherlich ein weiterer Grund für die Faszination ist, die von dem Volksmärchen ausgeht. Zwar begegne ich immer wieder Einwänden von seiten der Eltern: »Das versteht mein Kind doch gar nicht, damit kann es doch gar nichts anfangen«, aber ich kann ihnen keinen rechten Glauben schenken. Denn meine Erfahrungen sehen ganz anders aus. Sicherlich enthalten die Märchen immer wieder Worte oder Wendungen, die die Kinder nicht kennen und die ich ihnen auch vorher nicht erkläre. Aber ich habe noch nicht erlebt, daß Verständnisschwierigkeiten dadurch aufgetreten wären.

Ein Beispiel: In dem alten Märchen *Der Mond und seine Mutter*[12], das ich sehr gern erzähle, kommt der Satz vor: »Da wurde die Mutter sehr verdrossen, daß er ihr solche Possen spiele und verbot ihm, je wieder in ihr Haus zu kommen.« Obwohl diese Textstelle alte sprachliche Formulierungen enthält, eröffnet sich der Sinn durch den Kontext und die Art und Weise meines Vortrages. Die Kinder verstehen, daß die Mutter »sauer« ist

(mein Stirnrunzeln und Augenbrauen zusammenziehen läßt daran keinen Zweifel), weil sie glaubt, ihr Sohn spiele ihr üble Streiche (strafende Miene, Unmut in der Stimme) – eine Nachfrage erübrigt sich da von selbst. So kommt den Märchen neben der phantasiefördernden auch eine sprachunterstützende Funktion zu, denn Kinder, die mit Märchen aufwachsen, verfügen nachweislich über einen größeren und differenzierteren Wortschatz.
Aber nicht nur im Hinblick auf den kindlichen Zuhörer stellen diese alten Geschichten einen wertvollen, den Alltag bereichernden, Beitrag dar. Daß man die Märchen heute in erster Linie der Kinderliteratur zurechnet, ist dem Unvermögen der Erwachsenen zuzuschreiben, die Bilderwelt des Märchens erfassen zu können. Wenn man aber bereit ist, sich mit diesen Geschichten eingehender zu beschäftigen, wird man bald erkennen, daß nicht nur die Kindheit mit ihren Problemen und Ängsten, sondern auch die Jugend, die Lebensmitte und das Alter im Märchen thematisiert wird.
Die Geschichten, die sich für Vor- und Grundschulkinder eignen und deren Interesse erwecken, zeichnen sich dadurch aus, daß der kindliche Alltag ins Bild gesetzt wird. Dabei stehen die zwischenmenschlichen Beziehungen, meist das Eltern-Kind-Verhältnis, im Mittelpunkt. Unter diesem Aspekt werden sie auch für den Erwachsenen sehr aufschlußreich. Man erfährt eine ganze Menge über Kinder, ihre Art und Weise, die Umwelt zu sehen und zu erleben. Die Märchen beschreiben, wie unser Verhalten auf die Kinder wirkt, welche Folgen es hat und geben uns Anstöße, unsere Erziehungspraxis immer wieder neu zu überdenken. Sie ermahnen uns, mehr Verständnis, Einfühlsamkeit der kindlichen Mentalität gegenüber zu entwickeln. Wir müssen wieder lernen, daß es sich bei unseren Kindern nicht um zu klein geratene Erwachsene handelt, und daß wir, durch unser oftmals unsensibles Erzieherverhalten, die Kinder der Fähigkeiten berauben, die ihrer Entwicklungsphase entsprechen und ihnen helfen, ihre Schwierigkeiten zu meistern. (Das *Märchen von der Unke, KMH 105,* verdeutlicht genau diese Problematik.)

Mit ihren Geschichten nicht nur zu unterhalten, sondern auch Denkanstöße zu vermitteln, hatten die Brüder Grimm wohl schon im Auge, als sie in der Vorrede zu ihrer Märchensammlung schrieben:
»Das ist der Grund, warum wir durch unsere Sammlung nicht bloß der Geschichte der Poesie und Mythologie einen Dienst erweisen wollten, sondern es zugleich Absicht war, daß die Poesie selbst, die darin lebendig ist, wirke und erfreue, wen sie erfreuen kann, also auch, daß es als ein Erziehungsbuch diene« (S. 12).

2. Eine praktische Anleitung

Meine Tätigkeit als Märchenerzählerin umfaßt das Erzählen in Kindergärten, Schulen, privaten Gruppen oder Altenclubs, wohin ich gebeten werde, um mit den Märchen meine Zuhörer zu unterhalten.
Ich freue mich über diese Einladungen, weil sie mir Gelegenheit bieten, dem »Erzählen in großer Runde« etwas von seiner ursprünglichen Bedeutung wiederzugeben.
Ich möchte meinen Märchenvortrag nicht neben der Kassette, der Schallplatte oder dem Fernsehen als Unterhaltungsangebot verstanden wissen, das mir die produktive, dem Zuhörer die konsumtive Rolle zuweist. Ich möchte das Erzählen als eine Möglichkeit der Kommunikation darstellen, als einen Schritt zum Dialog. Erzähler und Zuhörer sollen sich als Gemeinschaft fühlen, in der die Rollen flexibel sind. Der Erzähler tritt gern zurück in den Kreis und überläßt seinen Stuhl dem nächsten. Der Zuhörer soll sich angeregt fühlen, die Erzählsituation aktiv zu beeinflussen.
Durch den direkten Kontakt, den ich im Laufe der Erzählung zu meinen Zuhörern aufbaue, versuche ich, sie in das Geschehen miteinzubeziehen, um die Bereitschaft zu wecken, ihre Fragen, Gedanken und Gefühle zu äußern.
Bei Kindern, gerade im Vorschulalter, ist damit nicht nur die verbale Äußerung gemeint, sondern auch die kreative Beschäftigung mit dem Gehörten. Das Malen, Kneten, Basteln oder Spielen läßt das Kind die Geschichte erleben; und das Erlebte soll sich ausdrücken. Der Zuhörer soll das Märchen als seine eigene Geschichte erfahren, er soll aktiver Mitspieler werden, da dies ein Weg zum eigenen Erzählen, Fabulieren, ist.
Wenn es mir gelingt, bei meinen erwachsenen Zuhörern die

Faszination zu wecken, die für Kinder vom Märchenerzählen ausgeht, so ist das oft der erste Schritt, sich wieder mit dem Thema »Märchen« zu beschäftigen.
Deshalb möchte ich Eltern und Erziehern, die das Märchenbuch hervorholen, um daraus zu erzählen, eine Hilfestellung geben. Im folgenden Kapitel habe ich die Kriterien zusammengestellt, die mir bei der Auswahl, der Vorbereitung und der Umsetzung des Märchentextes wesentlich erscheinen.

Auswahlkriterien

Wenn ich Vor- und Grundschulkindern Märchen erzähle, bevorzuge ich die Kinder- und Hausmärchen der Brüder Grimm. Indem ich auf diese wohl bekannteste Märchensammlung verweisen kann, erleichtere ich den Eltern und Erziehern das Wiederfinden der von mir erzählten Geschichten, damit die Möglichkeit besteht, sie gegebenenfalls für das Kind zu wiederholen.
Es gibt aber bei dieser Altersgruppe noch ein weiteres Argument für die besondere Eignung der deutschen Volksmärchen. Ein Märchen wird für ein Kind erst interessant, wenn es sich mit den Figuren und ihrer Geschichte identifizieren kann. Dieses Hineinfühlen wird ihm erschwert, wenn die Erzählung Elemente aufweist, die dem Kind fremd sind und sich seinem Verständnis entziehen.
Da Volksmärchen durch mündliche Tradition von Generation zu Generation weitergetragen wurden, sind sie stets dem Kulturraum ihrer Entstehung und Verbreitung verhaftet. Die Geschichten spiegeln in ihren Bildern Realitäten wider, die geprägt sind von geographischen, gesellschaftlichen oder auch religiösen Gegebenheiten. Diese Einflüsse haben jedoch nicht dazu geführt, daß sich die Märchen der einzelnen Völker durch ihre Motive unterscheiden. Die Andersartigkeit der verschiedenen Volksmärchen liegt vielmehr in der Ausschmückung der Handlung und in den charakteristischen Details.

Dem Helden, der den Sieg über das Böse erringt, indem er sich Anforderungen stellt und Prüfungen besteht, begegnen wir auf der ganzen Welt. In unseren Märchen sind die Helden Könige, Prinzen und Prinzessinen, Diener oder Handwerker – wohingegen zum Beispiel in den orientalischen Märchen der Sultan, der Kalif, der Großwesir oder der Sklave diese Rollen übernehmen. Auch die Vertreter aus der Tierwelt, die dem Helden zur Seite gestellt werden, sind aus dem Verbreitungsgebiet des Märchens gewählt. Bei den Grimms treffen wir auf Ameisen, Enten, Esel oder Raben; in Afrika erzählt man von Löwen, Elefanten oder Antilopen, und in den indianischen Märchen begegnen wir dem Opossum oder dem Präriewolf.

Der Charakter und damit die Funktion, die dem Helden in der Geschichte zukommt, bestimmt sich bei den menschlichen Figuren auch durch ihre gesellschaftliche Stellung, bei den Tieren durch ihr Aussehen, ihre Art sich fortzubewegen oder sich zu ernähren. Eine gewisse Vorstellung oder Kenntnis ist deshalb für das Kind wichtig, da ihm sonst die im Märchen gebotenen Bilder nie ganz verständlich werden können. Die Handlungsträger sind aber nur ein exemplarisch gewähltes Element des Märchens, das durch die kulturbedingten Einflüsse geprägt ist. Das Märchen in seiner Ganzheit liefert oftmals noch viel differenziertere Einzelheiten, die Rückschlüsse auf reale, historische Lebensumstände der einzelnen Völker erlauben. Dem erwachenden Interesse des älteren Kindes an anderen Kulturen, an fremden Sitten und Gebräuchen kommen dann die entsprechenden Märchen entgegen, da sie nicht auf belehrende, sondern auf unterhaltende Art und Weise in die unbekannte Welt der verschiedenen Völker einführen.

Ich versuche, die Märchen immer an den Alltag der Kinder mit seinen Erfahrungen und Problemen anzupassen und mich nach dem Interesse meiner Zuhörer zu richten. Aus diesem Grund habe ich auch verschiedene Märchen aus anderen, zum Teil außereuropäischen, Sammlungen in mein Repertoire aufgenommen, da einige Aspekte, unter denen ich die Auswahl vornehme, bei den Grimmschen Märchen kaum berücksichtigt sind.

Volksmärchen sind ursprünglich Geschichten, die von Erwachsenen für Erwachsene zur Unterhaltung und Information erzählt wurden. Folglich enthalten die von den verschiedenen Verfassern herausgegebenen Sammlungen in erster Linie Märchen, die sich an erwachsene Zuhörer wenden.
Obwohl wir heute »Märchen« automatisch als Kinderliteratur klassifizieren, ist der Anteil der wirklichen Kindergeschichten, auch in der Sammlung der Brüder Grimm, sehr gering. Es gehört etwas Einfühlungsvermögen dazu, die richtigen Geschichten für seine Zuhörer herauszufinden, aber auch die *eigene Einstellung* der Geschichte gegenüber ist von großer Bedeutung.
Man sollte immer nur ein Märchen auswählen, das man selbst schön findet und gerne erzählt. Da die Einstellung des Erzählers, der eine Geschichte bejahen oder ablehnen kann, immer in den Vortrag mit einfließt, teilt sie sich auf diese Weise dem Kind mit. Nur ein Märchen, das mit innerer Zustimmung erzählt wird, kann das Gefühl und die Phantasie des Kindes so ansprechen, daß es die Geschichte positiv erlebt und einen Zugang zu den Symbolen und Bildern findet.
Wichtig ist auch *die Länge* des erzählten Märchens. Man sollte für die Kleinen mit kurzen Texten beginnen, z. B. *Der süße Brei (KHM 103), Der goldene Schlüssel (KHM 200),* denen schon 3- bis 4jährige mit Begeisterung lauschen. Obwohl der Inhalt sich ihnen oft noch nicht erschließen kann, sind sie doch fasziniert von dem Klang eines erzählten Märchens, von der durch die alte Sprache geschaffenen Atmosphäre und von der Besonderheit der Erzählsituation. Für die 4- bis 6jährigen kann man zu den ausführlicheren Märchen übergehen, deren Erzählzeit bis zu zwölf Minuten betragen, z. B. *Die goldene Gans (KHM 64), Daumesdick (KHM 37).* Das Schulkind folgt dann gern den längeren Geschichten und kann sich auch auf die komplizierten Handlungsabläufe konzentrieren. Selbstverständlich darf die Länge der Erzählzeit nur ein Anhaltspunkt sein, da sie immer an die Konzentrationsfähigkeit und Aufnahmebereitschaft des Zuhörers angepaßt werden sollte. Diese Voraussetzungen können aber bei

Kindern sehr unterschiedlich sein und werden zudem noch von verschiedenen Faktoren beeinflußt, z. B. von der Erzählatmosphäre (S. 165ff.).

Um dem Kind das Verständnis der Märchenhandlung zu erleichtern, sollte die erzählte Geschichte an den *kindlichen Alltag* mit seinen Erfahrungen, Sorgen und Problemen anknüpfen. Märchen wie *Der süße Brei (KHM 103)* oder *Die Geschichte vom dicken, fetten Pfannekuchen*[13] beschäftigen sich mit der Nahrungsaufnahme, die zu den Grundbedürfnissen des Kindes gehört und seinen Tagesablauf einteilt.

Eine andere Gruppe von Märchen beschäftigt sich mit der Schwierigkeit des Kindes, seinen Weg in einer Welt der Erwachsenen finden zu müssen. Es lebt ständig in einer Situation, wo es jemanden vor Augen hat, der größer, stärker, klüger und schöner ist. Es gibt immer jemanden, der es besser weiß und kann, und das Gefühl der Unzulänglichkeit wird durch Sätze wie: »Das kannst du noch nicht, dazu bist du noch zu klein. Laß mich das mal machen«, ständig verstärkt, die Einsicht: »Ich bin ja doch nur klein, dumm, häßlich und faul« beginnt sich im Kind festzusetzen. Die Reihe der Dummlingsmärchen, z. B. *Die drei Federn (KHM 63), Die Bienenkönigin (KHM 62), Die goldene Gans (KHM 64),* wo Kleine Großes vollbringen, setzt diese Thematik in Bildersprache um.

Das Leben in der Familie, mit den widerstrebenden Gefühlen den Eltern und Geschwistern gegenüber, ist Thema einer weiteren Gruppe von Märchen. Wer mit Geschwistern aufwächst, muß sich nicht nur gegen Erwachsene durchsetzen, sondern gleichzeitig seinen Platz gegenüber anderen Familienmitgliedern mit gleichem Status behaupten. Das Kind wird früh mit so tiefgreifenden Emotionen wie Liebe, Haß, Neid, Eifersucht oder Mitleid konfrontiert. Auf diese Problematik stößt man in Märchen von Geschwistern, die sich lieben und hassen. *Aschenputtel (KHM 21)* oder *Frau Holle (KHM 24)* setzen die konflikthafte Geschwisterbeziehung ins Bild, wohingegen *Hänsel und Gretel (KHM 15)* oder *Brüderchen und Schwe-*

sterchen (KHM 11) von der aufopfernden Geschwisterliebe erzählen, die letztlich über das Böse siegt.
Eine ganz andere alltägliche Situation findet man in Märchen wie *Der Wolf und die sieben jungen Geißlein (KHM 5), Der Froschkönig (KHM 1)* oder *Rotkäppchen (KHM 26).* Hier müssen sich die Helden mit ihnen *auferlegten Ver- und Geboten* auseinandersetzen, kommen in Schwierigkeiten und gehen als Sieger hervor, weil sie auf ihre kindlichen Fähigkeiten vertrauen und ihnen der Erwachsene mit seiner Hilfe und seinem Rat zur Seite steht.
Kinder haben eine intensive Beziehung zu ihrer *natürlichen Umgebung*. Die Tiere und Pflanzen, das Wachsen und Vergehen, der Wechsel der Jahreszeiten werden von ihnen sehr bewußt wahrgenommen. Deshalb lieben sie Märchen, die sich mit der Natur und ihren Phänomenen beschäftigen, die ihre Beobachtungen aufgreifen und der kindlichen Vorstellungswelt angepaßte Erklärungen bieten. *(Der Schnee, Warum das Meerwasser salzig ist.)*[14]
Um dem Kind die notwendige Identifikation mit dem Märchenhelden und seiner Geschichte zu erleichtern, sollte man das unmittelbare Erleben des Kindes im Auge haben. Deshalb ist auch die *Jahreszeit* bei der Auswahl der Märchen ein zu berücksichtigendes Kriterium. Im Sommer sollte man nicht *Die Sterntaler (KHM 153)* oder *Der goldene Schlüssel (KHM 200)* erzählen, da es dem Kind dann kaum möglich ist, Kälte zu empfinden oder im Schnee mit den Helden zu frieren. Im Winter fällt es dem Kind hingegen schwer, die schönen Blumen zu sehen, die Rotkäppchen veranlassen, vom Wege abzugehen oder sich die Ameisen, Enten und Bienen vorzustellen, von denen das Märchen *Die Bienenkönigin (KHM 62)* berichtet.
Die oben ausgeführten Gesichtspunkte sowie die im ersten Teil des Buches ausgeführten entwicklungspsychologischen Gegebenheiten können für den Erzähler eine Hilfestellung sein, geeignete Märchen aus der Fülle des Angebots herauszufinden. Oftmals hat er dabei auch die Unterstützung der Kinder, wenn sie Märchen wünschen, die sie interessieren und die sie hören wollen. Sie wählen dann instinktiv die Geschichten aus, in denen

sie ihre Person wiederfinden. Das Märchen wird zur Probebühne, wo Situationen durchgespielt und Möglichkeiten gezeigt werden, Probleme und Konflikte zu bewältigen. Damit das Märchen diese Aufgaben erfüllen kann, sollte der Erzähler dem Wunsch seiner Zuhörer Beachtung schenken und dem kindlichen Instinkt vertrauen, der das richtige Märchen zur richtigen Zeit kennt.

Die Gestaltung der Erzählsituation

Immer wieder mache ich die Beobachtung, daß die Faszination, die für die Zuhörer vom Märchenerzälen ausgeht, nicht nur im Inhalt des Märchens begründet ist. Kinder wie Erwachsene werden oftmals schon durch die besondere Atmosphäre der Erzählsituation in Bann gezogen.

Im Kindergarten ziehen wir uns in die Kuschelecke zurück und machen es uns auf Decken und Matratzen gemütlich. Auch in der Schule nehme ich mir die Zeit, Stühle und Tische wegzuräumen, damit sich die Kinder um mich herumsetzen können. Selbst bei Vortragsveranstaltungen ist es mir wichtig, Nähe zum Publikum herzustellen. Podium und Mikrophon sind da hinderlich, und ich stelle mich am liebsten so dicht wie möglich vor meine Zuhörer. Wenn ich den Stuhlkreis, die Klassensitzordnung und die räumliche Distanz aufhebe, steht nicht die Gestaltung eines äußeren Rahmens im Vordergrund. Ich versuche vielmehr, den unmittelbaren Kontakt zu meinem Gegenüber herzustellen, um das Gefühl zu vermitteln, daß ich jeden einzelnen ansprechen möchte.

Eine künstlich geschaffene Situation, indem man Fenster verdunkelt, Kerzen aufstellt oder sich verkleidet und ganz bewußt vor den Zuhörern in die Rolle des geheimnisvollen Erzählers schlüpft, hat das Märchenerzählen gar nicht nötig. Es ist in erster Linie das besondere *Verhältnis zwischen Erzähler und Zuhörer,* das den Charakter der Erzählatmosphäre bestimmt. Dieses Verhältnis sollte, gerade wenn es sich um kindliche Zuhörer handelt, von gegenseitiger Verbundenheit und Vertrautheit geprägt sein. Das Gefühl der Geborgenheit muß vermittelt werden, damit sich das Kind sicher fühlt und sich auf die Geschichte einlassen kann. Der Erzähler soll die unmittelbare Begegnung mit dem Kind suchen, die durch Augenkontakt, körperliche Zuwendung oder direkte Ansprache hergestellt wird.

Fragen und Bemerkungen müssen sich auch zwischendurch aufgreifen und behandeln lassen, da es einem Kind unmöglich ist, sich auf den weiteren Verlauf einer Geschichte zu konzentrieren, wenn es sich zu einer bestimmten Stelle äußern möchte oder Verständnisschwierigkeiten auftreten. Aber auch auf nichtverbale Äußerungen, die starkes gefühlsmäßiges Engagement signalisieren, muß der Erzähler reagieren. Wenn ein Kind auf seinem Platz unruhig wird, den Daumen in den Mund steckt oder auf eine andere Weise Unbehagen zeigt, kann er es an seine Seite ziehen oder auf den Schoß setzen, seine Hand halten und ihm so das Gefühl geben: »Bei mir bist du gut aufgehoben, es kann dir nichts passieren. Glaub mir, es wird alles gut ausgehen.« Dieser Glaube und das Vertrauen auf das gute Ende des Märchens, auf den Sieg über das Böse, muß unterstützt werden, damit das Kind auch die schwierigen und gefährlichen Situationen mit dem Helden durchstehen kann.

An Hand eines Beispiels möchte ich verdeutlichen, wie ausschlaggebend der Geborgenheit vermittelnde Kontakt zum Erzähler das Erleben des Zuhörers beeinflußt.

Der 6jährige Boris hat eine Vorliebe für das Märchen von Rotkäppchen. Nachmittags kommt sein Großvater, setzt sich mit seinem Enkel in den Sessel und kommt gern der Bitte nach, die Geschichte zu erzählen. Er hat seine Freude daran zu sehen, wie Boris gespannt seiner Schilderung folgt. Beide genießen das Zusammensein und erleben das Märchen gemeinsam. Ganz anders die Situation am nächsten Tag, als Boris seine Mutter bittet, das Märchen zu erzählen. Sie hat in diesem Moment eigentlich gar keine Zeit (und Lust), möchte dem Wunsch ihres Sohnes aber trotzdem entsprechen. Sie nimmt das Buch und liest ihm vor, obwohl sie in Gedanken ganz woanders ist. Das gleiche Märchen erlebt der Junge völlig unterschiedlich.

Wenn aktiv und bewußt erzählt wird, und wenn das Kind sich sicher fühlt, so bringt es sich mit ein, weil es die Geschichte positiv erlebt. Wird aber ohne innere Anteilnahme und Engagement erzählt, stellt sich beim Kind nicht das Gefühl der Verbundenheit mit dem Erzähler ein, es fühlt sich unter Umständen allein und verlassen und erlebt das Märchen als bedrückend und bedrohlich.

Diese Reaktion ist immer wieder zu beobachten, wenn die Märchenbegegnung durch Kassetten, Schallplatten oder Fernsehen stattfindet. Die Vermittlung ist nicht mehr an eine Person gebunden, der Erzähler ist anonym, genauso wie der Zuhörer, an den sich der Vortrag wendet. Das wichtigse Element des Märchenerzählens, der direkte Kontakt zwischen Erzähler und Zuhörer, geht verloren, die notwendige Unterstützung durch den Erwachsenen bleibt dem Kind versagt.

Aber gegen die Medien als Märchenerzähler sprechen noch mehr Einwände. Das Märchen, das sich eigentlich an die Phantasie und Vorstellungskraft des Zuhörers wendet, wird hier zur realistischen Geschichte.

Die Handlungsträger werden von verschiedenen Sprechern vorgestellt, wodurch sie zu realen, durch den Vortrag festumrissenen Personen werden, die den typenhaften, vagen Charakter der Märchenfiguren verloren haben. Das Geschehen selbst wird nicht mehr erzählt, sondern effektvoll in Szene gesetzt. Untermalende Laute und Geräusche werden eingespielt, was bewirkt, daß nicht mehr die Märchenwelt, sondern die Wirklichkeit des Zuhörers zum Handlungsort wird. Dieser Effekt läßt sich durch die den Text begleitende Musik noch unterstreichen, die die Stimmung jeder Szene vorgibt und für eine abweichende, eigene Gefühlsqualität keinen Raum läßt.

Das Märchen als phantastische Geschichte wird so in einen realen Kontext gesetzt und büßt seinen Wahrheitsgehalt ein. Das Rotkäppchen wird wirklich vom Wolf gefressen, und die Intension des Märchens, dieses Verschlungenwerden als Bild für einen Gemütszustand zu geben, kommt abhanden. Das Kind ist mit einer Situation, die es selbst herbeigeführt hat, völlig überfordert; seine Gefühle (Neugierde, Angst) übermannen es, es gibt kein zurück, es fühlt sich mit Haut und Haar gefressen. (Dieses Bild kann man, wie viele andere auch, im übertragenen Sprachgebrauch wiederfinden. Er verschlang sie mit seinen Blicken; er hatte sie zum Fressen gern; keine Angst, er wird Sie nicht gleich fressen.) Der wichtige Sinnzusammenhang, der sich erst über das Nachempfinden des Märchenbildes einstellt, läßt sich aber bei der realistischen Präsentation der Szene nicht herstellen. Das Märchen wird zur oberflächlichen und unwahren Geschichte, deren tieferer Sinn verborgen bleibt. Somit geht der Bezug zur Wirklichkeit des Zuhörers verloren.

Aber nicht nur die Beziehung zwischen Erzähler und Zuhörer beeinflußt die Wirkung des Märchens. Auch die Frage: »Warum erzähle ich dieses Märchen, und wie erzähle ich es?«, also das *Verhältnis des Erzählers zum Märchen* prägt die Atmosphäre der Erzählsituation. Es soll dem Erzieher Spaß machen, das Märchen zu erzählen, und dem Kind Freude bereiten, dem Märchen zu lauschen. Märchenerzählen sollte vorrangig Unterhaltung sein, an der alle Beteiligten Vergnügen haben. Ein Märchen darf nicht als Erziehungsmittel fungieren oder eine Belehrung darstellen, die dem Kind mit erhobenem Zeigefinger vermittelt wird. Wenn ein Märchen mit dieser Intension erzählt wird und der pädagogische Aspekt im Vordergrund steht, stößt es meist auf Ablehnung und Desinteresse, da Kinder eine feine Antenne für versteckte Absichten dieser Art haben.

Inwieweit dem Zuhörer individuell die Möglichkeit gegeben wird, ein Märchen auf sich wirken zu lassen und zu verarbeiten, hängt entscheidend von der Art und Weise ab, wie das Märchen vermittelt wird. Mehr oder weniger bewußt, interpretiert der Erzähler durch seinen Vortrag die Geschichte, aber dieses Verständnis darf dem Zuhörer nicht aufgedrängt werden. Die Märchentexte selbst sind auf Grund ihres abstrakten Stils für die unterschiedlichsten Auslegungen offen, und es ist die Aufgabe des Erzählers, diesen Spielraum dem Zuhörer zu erhalten, damit er zu eigenen Vorstellungen und Wertungen kommen kann. Es ist zum Beispiel ein großer Unterschied, ob man das Rotkäppchen ängstlich und verschüchtert ins Haus der Großmutter kommen läßt, wo der böse und grausame Wolf es schon erwartet – oder ob es neugierig und forschend dem Wolf im Bett der Großmutter gegenübertritt. Das erste Kind wird von seinem schlechten Gewissen geplagt, da es die Weisung der Mutter nicht befolgt hat. Es erahnt das Unheil, kann aber der Strafe nicht ausweichen, die eben auf dem Fuße folgt, wenn man ungehorsam ist. Ganz anders das zweite Rotkäppchen, das zu keiner Zeit wirklich Furcht vor dem Wolf verspürte, sondern ganz bewußt die Begegnung mit ihm suchte (siehe die genaue Wegbeschreibung, die es ihm zum Haus der Großmutter gibt). Es nimmt zwar die Besonderheit der Situation im Zimmer der Großmutter wahr, wendet sich aber nicht ängstlich ab, sondern folgt seinem Drang, Neues zu entdekken, die Welt zu erforschen. Dazu gehört auch, daß man dann und wann Gebote mißachten muß, da man oftmals erst durch eigene Fehler und die damit verbundenen schmerzlichen Erfahrungen lernen kann. Da der Zuhörer zur aktiven Beteiligung aufgefordert werden soll, muß ihm Gelegenheit gegeben werden, sein Rotkäppchen aus den möglichen Varianten selbst herauszufinden. Denn nur dieses Rotkäppchen steht mit seiner Person in Verbindung, alle anderen werden ihm fremd und unverständlich bleiben.

Der dritte Aspekt, der die Erzählatmosphäre prägt, ist *die Situation,* in die hinein ein Märchen erzählt wird. Dieser Gesichtspunkt ist gerade beim Umgang mit Kindern von entscheidender Bedeutung. Um mein Gegenüber kennenzulernen, gebe ich meinen kleinen Zuhörern zuerst die Möglichkeit, selbst zu erzählen und über das zu reden, was sie auf dem Herzen haben. Ich höre ihnen dabei aufmerksam zu und befasse mich eingehend mit ihren Beiträgen. Dann versuche ich, das Gespräch zum Thema »Märchen« hinzuführen, indem ich mich zum Beispiel nach ihren Lieblingsmärchen erkundige, ihnen erzähle, wie Märchen entstanden sind oder von den Brüdern Grimm und der Zeit berichte, wo sie ihre Märchen gesammelt und aufgezeichnet haben. Auf diese Weise möchte ich nicht nur Vertrautheit mit den Kindern herstellen, sondern auch ihr Entgegenkommen fördern, mir ungeteilte Aufmerksamkeit zu schenken. Außerdem will ich ihre Erwartungshaltung auf das folgende Märchen lenken, um so eine gelöste und hörbereite Atmosphäre zu schaffen.

Der Vorschlag, einem Märchen zuzuhören, muß auf die Bereitschaft des Kindes stoßen. Das ist zum Beispiel nicht der Fall, wenn es sein Spiel unterbrechen muß oder wenn Andacht und Konzentration gefordert werden, obwohl es sich viel lieber körperlich betätigen würde. Auch gedanklich muß sich das Kind auf dieses Angebot einstellen können, denn die Fähigkeit, einfach abzuschalten und sein Interesse in eine bestimmte Richtung zu lenken, besitzt das Kind noch nicht.

Deshalb ist es wichtig, Kinder auf die Erzählsituation vorzubereiten. Wenn man sie unvermittelt mit einem Märchen konfrontiert, kann es passieren, daß sie die Ruhe zum Zuhören noch nicht gefunden haben und die Geschichte sie gar nicht erreicht. Die Märchenbegegnung sollte nicht durch Spannungen belastet sein, da sonst das Verhältnis zum Erzähler gestört ist und dem Kind das notwendige Gefühl der Sicherheit und Geborgenheit fehlt.

Zum anderen wird das Kind die Konflikte und seine dadurch ausgelösten Emotionen auf das Märchen projizieren, was seine Haltung der Geschichte gegenüber stark belastet. Ein Kind, dem seine Mutter streng untersagt hatte, die verkehrsreiche Straße allein zu überqueren, hat ihrem Verbot zuwider gehandelt und wurde bestraft. Für diese Reaktion bringt es kein Verständnis auf, es fühlt sich mißverstanden und in seinen Fähigkeiten unterschätzt. Es ist ärgerlich auf die Mutter, und seine momentane Beziehung zu ihr ist durch vorangegangene Auseinandersetzung gekennzeichnet. Wird *Rotkäppchen (KHM 26)* in dieser Situation erzählt, so kann das Kind die Mutterfigur nur mit dem Verhalten seiner Mutter in Verbindung bringen, das es als ablehnend und ungerecht empfindet. Die fürsorgliche und beratende Absicht des Erwachsenen wird nicht erkannt. Daß der Erzieher das Kind auf seinem Weg unterstützen will und es aus

Sackgassen herausholen kann, ist eine wichtige Aussage des Märchens, die diesem Kind verborgen bleibt. Außerdem faßt das Kind wahrscheinlich die von seiner Mutter erzählte Geschichte nur als Drohung und Warnung auf: »Schau, was passiert, wenn du nicht tust, was ich sage!« Und diese Intention darf dem Märchen nicht gegeben werden. Die Mutter kann solchen Problemen mit ihrem Kind durch ein erklärendes Gespräch und eine liebevolle Umarmung begegnen, um das Märchen dann auch als Verständigungsmittel anzubieten. Für die Erzieherin in einer Gruppe von 25 Kindern ist es schon schwieriger, sich auf diesen großen Zuhörerkreis einzustellen und die Situation so zu gestalten, daß das Märchen für jedes Kind zu einem positiven Erlebnis wird. Im Kindergarten beeinflussen nicht nur Spannungen zwischen den Erziehern und den Kindern die Atmosphäre, sondern auch Konflikte der Kinder untereinander sowie Ängste und Probleme, die von zu Hause in die Gruppe getragen werden. Deshalb sollte der Erzähler sich gerade hier genügend Zeit und Muße für die einleitende Phase nehmen. Unter Umständen kann das auch dazu führen, das Märchenerzählen zugunsten anderer Gespräche und Aktionen auf einen späteren, günstigeren Zeitpunkt zu verschieben. Wird aber erzählt, so muß die Entscheidung, an diesem Angebot teilzunehmen, dem Kind freigestellt bleiben. Es muß Gelegenheit haben aufzustehen, um sich anderen Dingen zuzuwenden oder beim Zuhören zu spielen. Oftmals habe ich beobachtet, daß gerade Kinder, die scheinbar ins Spiel vertieft sind (z. B. mit Bauklötzen bauen), trotzdem dem Märchen aufmerksam und konzentriert lauschen. Überhaupt sollte man hier, wie auch schon bei der Auswahl der Märchen, Anregungen der Kinder zur Gestaltung der Erzählatmosphäre aufnehmen. Meist sind sie selbst bemüht, sich einen gewissen Rahmen zu schaffen, der für sie zum Märchenerzählen gehört. Deshalb ist zum Beispiel das Fensterverdunkeln oder Kerzenaufstellen, wenn das zuhörende Kind es wünscht, ein notwendiges Ritual, wohingegen es künstlich wirkt, wenn so etwas dem Vortrag als stimmungsgebendes Element beigefügt wird.

Der Märchentext und seine Umsetzung

Volksmärchen sind an der Oberfläche spannende Geschichten, enthalten darunter aber uraltes, überliefertes Wissen, in Jahrhunderten verdichtete Erfahrungen. Sie stellen den Menschen in seiner Entwicklung in den Mittelpunkt, erzählen von seinen Problemen und Wünschen und zeigen seine verschiedenartigen Beziehungen auf. Um diese Wahrheiten dem Zuhörer nahezubringen, bedient sich das Märchen der ihm eigenen Bilder- und Symbolsprache, die weniger den Intellekt als die Phantasie und die Gefühle anspricht. Situationen, die dem menschlichen Alltag entnommen sind, werden aus dem realen Kontakt in die abstrakte Märchenwelt gestellt und verlieren ihre Bindung an Zeit und Raum. Sie erhalten somit einen allgemeingültigen Charakter, der jedem Zuhörer einen ganz persönlichen Zugang zu der Geschichte ermöglicht. Dieses individuelle Erleben wird neben der Erzählatmosphäre maßgeblich durch die Art und Weise des Vortrages bestimmt. Anfangs wird der Erzieher sicherlich auf Geschichten zurückgreifen, die ihm bekannt sind, an die er sich eventuell aus der eigenen Kindheit erinnert, zu denen er eine Beziehung hat. Später wird er aber nach weiteren Erzählungen suchen müssen, und dann sollte die Begegnung mit dem Märchen nicht rein zufällig sein, indem man das Märchenbuch aufschlägt und anfängt, daraus vorzulesen. Die Beschäftigung mit dem Text, die dem Erzählen oder Vorlesen vorausgeht, kann zum einen eine wertvolle Hilfe sein, das geeignete Märchen zu finden, und zum anderen wird sie bisweilen zu einer ganz persönlichen Bereicherung. Es gibt verschiedene Methoden, sich auf das Erzählen eines Märchens vorzubereiten. Im folgenden möchte ich an Hand des Märchens *Der süße Brei (KHM 103)* veranschaulichen, wie ich mich mit dem Text vertraut mache und ihn mir in drei Etappen erarbeite.

Es war einmal ein armes frommes Mädchen, das lebte mit seiner Mutter allein, und sie hatten nichts mehr zu essen. Da ging das Kind hinaus in den Wald und begegnete ihm da eine alte Frau, die wußte seinen

Jammer schon und schenkte ihm ein Töpfchen, zu dem sollt es sagen: »Töpfchen koche«, so kochte es guten süßen Hirsenbrei, und wenn es sagte: »Töpfchen, steh«, so hörte es wieder auf zu kochen. Das Mädchen brachte den Topf seiner Mutter heim, und nun waren sie ihrer Armut und ihres Hungers ledig und aßen süßen Brei, sooft sie wollten. Auf eine Zeit war das Mädchen ausgegangen, da sprach die Mutter: »Töpfchen koche«, da kocht es, und sie ißt sich satt; nun will sie, daß das Töpfchen wieder aufhören soll, aber sie weiß das Wort nicht. Also kocht es fort, und der Brei steigt über den Rand hinaus und kocht immerzu, die Küche und das ganze Haus voll, und das zweite Haus und dann die Straße, als wollt's die ganze Welt satt machen, und ist die größte Not, und kein Mensch weiß sich da zu helfen. Endlich, wie nur noch ein einziges Haus übrig ist, da kommt das Kind heim und spricht nur: »Töpfchen, steh«, da steht es und hört auf zu kochen; und wer wieder in die Stadt wollte, der mußte sich durchessen.

Wenn ich ein Märchen ausgewählt habe, betrachte ich zuerst den Aufbau der Geschichte, der sich durch die Handlungsfolge, das Auftreten verschiedener agierender Figuren oder den Wechsel des Handlungsortes ergibt. Danach teile ich das Märchen in Sinnabschnitte ein, die meinen Vortrag gliedern, indem ich sie sprachlich mit einem Spannungsbogen versehe und durch Pausen voneinander trenne.

Der süße Brei setzt sich aus drei Teilen zusammen. Die ersten drei Sätze schildern die Ausgangsposition und führen uns die Aktivität des Kindes vor Augen, die der familiären Notlage ein Ende bereitet. Darauf folgt in zwei Sätzen die Beschreibung des verhängnisvollen Geschehens, das von der Mutter ausgelöst wird und den Höhepunkt des Märchens darstellt. Im letzten Satz wird, wiederum durch das Kind, das gute Ende herbeigeführt.

Dann lese ich mir die Geschichte ein paar Mal laut vor, um die stumme Schriftvorlage in den Klang des gesprochenen Wortes umzusetzen. Dabei gehe ich ähnlich wie bei der Wiedergabe eines Musikstückes vor, die ich nach den in der Partitur vorgegebenen Anweisungen ausrichte. Ich versuche, die Melodie der Sprache herauszuhören, den Rhythmus des Sachaufbaus aufzunehmen und den dem Märchen zugrunde liegenden Ton zu ermitteln. Dieser Grundton prägt den Charakter eines Märchens, so wie die Tonart das Wesen einer Komposition. Der Grundton läßt sich zum einen aus dem Inhalt der Geschichte ableiten, zum anderen aus der sprachlichen Gestalt. Die Wortwahl, das Vorherrschen eines Vokales (a, i – hell, fröhlich; o, u – dunkel, gedämpft) und die Länge der Sätze geben dabei konkrete Hinweise.

Das Lumpengesindel (KHM 10) oder *Der Hase und der Igel (KHM 187)* sollten humorvoll, vielleicht sogar verschmitzt erzählt werden. Im Gegensatz dazu steht das Märchen *Der Großvater und sein Enkel (KHM 78),* dem nur ein verhaltener, aber ernster Ton gerecht wird. *Der goldene Schlüssel (KHM 200)* fordert die Phantasie heraus, wenn er eindrücklich und geheimnisvoll vorgetragen wird. Heiter, möglichst ohne mißbilligenden Unterton, sollte *Das kluge Gretel (KHM 77)* vorgestellt werden, denn der Zuhörer darf über ihr keckes, fast dreistes Verhalten ruhig lachen. Märchen für die älteren Kinder wie *Die Kristallkugel (KHM 197)* oder *Das Meerhäschen (KHM 191)* kann man spannend erzählen, wobei man die Zuhörer immer im Auge behalten sollte. Gerade bei den »gruseligen« Passagen darf man sich nicht verführen lassen, diese Stimmung so in den Vordergrund zu stellen, daß das zuhörende Kind erschrickt. Wird das Märchen neu eingeführt, so muß man dem Kind Gelegenheit geben, sich auch in die abenteuerlichen Szenen hineinzuversetzen und mit den auf den ersten Blick »grausamen« Bildern vertraut zu werden, was durch einen ruhigen, verhaltenen Ton erleichtert wird. Später, bei der Wiederholung des Märchens, wenn das Kind mit dem Handlungsablauf vertraut ist und das gute Ende nicht mehr in Frage zu stellen braucht, darf man fesselnder erzählen, um das Interesse an der bereits bekannten Geschichte wachzuhalten.

Felicitas Betz hat in ihrem Buch »Märchen als Schlüssel zur Welt« jedem der zwölf von ihr vorgestellten Märchen einen Grundton zugeordnet, der die Palette der Möglichkeiten noch ergänzt. Man kann lustig oder sachlich, beschwörend, erregt oder beruhigend, zart oder derb, warm oder unterkühlt erzählen.

Es gibt eine Vielzahl von Tönen und Zwischentönen, die sich kraß von dem »einlullenden« Märchenton unterscheiden, zu dem sich viele Erzähler oft verleiten lassen.
Der süße Brei wird gern als Kleinkindergeschichte abgetan und unüberlegt, in einem arglosen, naiven Ton, erzählt. Beschäftigt man sich aber mit diesem Märchen eingehender, entdeckt man die Ernsthaftigkeit und Tiefe der Aussage, die der Vortrag unterstreichen sollte. Der Ton ist zu Beginn ruhig und sachlich, darf sich aber zum Höhepunkt der Geschichte hin langsam steigern. Diese Spannung muß im letzten Satz abgebaut werden, um am Schluß wieder zum berichtenden Ton zu finden.
Nach dem Lesen versuche ich, mich in die Geschichte hineinzudenken, mir die Bilder auszumalen. Ich stelle mir die Figuren (ihr Aussehen, ihre Kleidung) vor, male mir die örtlichen Gegebenheiten (das Schloß, die Hütte, den Wald) aus und lasse die vorkommenden Gegenstände (den Korb, den Topf, das Spinnrad) vor meinem inneren Auge erscheinen. Dann gehe ich die Handlungsfolge durch, frage nach dem »Wie« und »Warum« und versetze mich in die agierenden Personen. Die verschiedenen Variationen spiele ich im Zusammenhang des Märchens durch und entscheide mich dann für die Version, die für mich im Einklang mit der Geschichte steht. Diese Imagination, die dann fest mit dem einzelnen Märchen verknüpft ist, begleitet und untermalt meinen Vortrag. Sie fließt mit ein, ohne sich verbal auszudrücken. Erst durch diese Vorstellungen werden die oft recht kargen Märchentexte anschaulich und laden den Zuhörer zu eigenen Phantasien ein. Ein Erzähler, der diese Vorarbeit nicht leistet, hat keine Beziehung zu dem Märchen aufgebaut, sein Mädchen aus dem *süßen Brei* bleibt ausschließlich arm und fromm und wirkt unter Umständen für das zuhörende Kind uninteressant. Er vergibt die Chance, das Märchen als Geschichte vorzustellen, die sowohl mit ihm, als auch mit seinem Zuhörer zu tun hat. Er nimmt nicht das Angebot wahr, sich als Erwachsener mit dem Kind auf eine Stufe zu stellen, um gemeinsam das Märchen zu erleben. Er erzählt nicht mit dem Kind, sondern von oben auf es herab. Da mein armes, frommes Mädchen eine ganz

bestimmte Erscheinung hat, die sich dem Zuhörer unbewußt mitteilt, signalisiere ich durch die Art und Weise meines Vortrags: »Ich kenne das Mädchen, und sie gefällt mir, deshalb erzähle ich dir diese Geschichte. Schau sie dir genau an, vielleicht kennst du sie ja auch.«

Wie wichtig die gedankliche Auseinandersetzung mit jeder der im Märchen vorgestellten Figuren ist, zeigt die Gestalt der Mutter. Sie ist keineswegs die dumme, ausschließlich ihren Bedürfnissen folgende Person, von der man sich nur distanzieren kann. Sie repräsentiert auch unser aller Unwissen und die Sorglosigkeit, die arg- und schuldlos einen Stein ins Rollen bringt. Unser Alltag liefert genügend Beispiele: das unbedacht ausgesprochene Wort, das den anderen verletzt; die gutgemeinte Absicht, die sich unversehens in ihr Gegenteil verkehrt; die Tat, die unvorhersehbare Folgen nach sich zieht. Die Figur zeigt auch, daß der menschliche Handlungsspielraum stets die Gefahr birgt, in Sackgassen zu geraten, daß Fehler gemacht werden müssen, um als solche erkannt zu werden, daß auftretende Schwierigkeiten und Probleme dazu herausfordern, sie aus dem Weg zu räumen, an ihnen zu wachsen und an die Mithilfe der anderen zu appellieren. Diese positiven Aspekte der Mutter müssen aber erkannt sein, um in die Figur einfließen und sich mitteilen zu können.

Die dritte neben dem Mädchen und seiner Mutter auftretende Person ist »die alte Frau im Wald«. Sie verkörpert die die Heldin unterstützende Instanz. Da nur durch ihre Gabe und ihr Wissen der Notsituation ein Ende bereitet werden kann, ist es von großer Bedeutung den symbolischen Charakter dieser Figur zu ergründen. Sie ist nur auf den ersten Blick eine phantastische Erscheinung, die aus dem Nichts auftaucht, um dann wieder sang- und klanglos zu verschwinden. Ihre Gestalt verkörpert die Hilfen, die uns in Krisenzeiten zur Verfügung stehen, wenn wir uns nur auf sie besinnen. Sie ist nicht das Wunder, auf das wir hoffen sollen, sondern das Ziel unserer Bemühungen, einen eigenen Weg zu finden. Die alte Frau mit ihren Töpfchen symbolisiert zum einen die Möglichkeiten, die in uns selbst begründet liegen: unseren

Instinkt, unser Gefühl, verborgene Fähigkeiten und Kenntnisse, die wir zwar besitzen, aber nicht gebrauchen (s. a. weibliches Prinzip in der Philosophie). Zum anderen verweist sie auf unser natürliches Umfeld (Mutter Natur), dessen Kräfte und Ressourcen uns zur Verfügung stehen, wenn wir nur lernen wollen, diese nicht auszuplündern, sondern verantwortungsbewußt einzusetzen.

Da die »alte Frau«, als Symbol verstanden, unter den verschiedensten Gesichtspunkten deutbar ist, hat die Figur für jeden Märchenzuhörer ganz persönliche Züge. Doch nur wer das Wesen »seiner alten Frau« erkennt, sie auf-sucht und den Wert ihrer Gaben zu schätzen weiß, wird mit ihrer Hilfe den Weg aus selbst aussichtslosen Situationen finden.

Erst die intensive Beschäftigung mit dem Text läßt den *süßen Brei* von der Kleinkindergeschichte zum richtigen Märchen werden, dessen Tiefe sich bei der oberflächlichen Betrachtung nicht erschließen kann. Wie das Kind die Geschichte erlebt und was es mit den Figuren verbindet, läßt sich nicht vorhersehen, aber ein Vortrag, auf den der Erzähler sich gedanklich eingestellt hat, kann manchmal der Schlüssel zu den hinter den Bildern verborgenen Wahrheiten sein.

Zum Schluß versuche ich, mir den Text so zu eigen zu machen, daß ich ihn möglichst unabhängig vom Buch vortragen kann. Je intensiver ich mich mit der Struktur und dem Inhalt des Märchens beschäftigt habe, desto leichter fällt das Erlernen. Ich beginne damit, mir in jedem Sinnabschnitt einige Schlüsselworte bzw. Wendungen herauszusuchen, die sich als roter Faden durch das Märchen ziehen. Beim *süßen Brei* sieht das folgendermaßen aus:

1. Teil: armes, frommes Mädchen; in den Wald; alte Frau; Töpfchen koche – Töpfchen steh;

2. Teil: war das Mädchen ausgegangen; da sprach die Mutter; weiß das Wort nicht; ist die größte Not;

3. Teil: kommt das Kind hinein; da steht es und hört auf zu kochen;

Diese Worte lerne ich in ihrer Reihenfolge auswendig, da sie die einzelnen Stationen bilden, auf die hin ich das Märchen erzähle.

Ich lese den Text, der die Schlüsselbegriffe verbindet, laut aus dem Buch vor, um mich dann bei der erlernten Wendung vom Text zu lösen und mit dem noch »imaginären« Gegenüber Augenkontakt aufzunehmen. Das hat zur Folge, daß die Schlüsselworte eine besondere Bedeutung erhalten, da sie bewußt und langsam gesprochen werden. Wenn diese Stellen im Text unterstrichen sind, findet man schnell in die Geschichte zurück, ohne den Sprachfluß zu unterbrechen. Kurze Pausen nach den einzelnen Sätzen sollten zum Aufblicken genutzt werden, damit der Kontakt zum Zuhörer nicht abreißt und mögliche Reaktionen wahrgenommen werden.
Wer auf diese Weise das Märchen ein paar Mal gelesen hat, kann es seinen Zuhörern vorstellen. In der Regel hat sich dann schon manche Verbindung zwischen den einzelnen auswendiggelernten Wendungen eingeschliffen, daß die Phasen, die man den Text aus dem Gedächtnis spricht, immer länger werden. Bei den kurzen Märchen erübrigt sich somit das sture Auswendiglernen ganz. Bei den längeren Märchen muß man schon etwas Mühe investieren, wenn man möglichst frei erzählen möchte. In diesem Fall präge ich mir, neben den Schlüsselwendungen, zuerst vorkommende Verse, Reime und Sprüche ein. Dann versuche ich, die wörtliche Rede weitgehendst textgetreu wiederzugeben. Ich lerne nie ein Märchen Satz für Satz von Anfang bis Ende, sondern suche mir immer einzelne Passagen heraus. Dabei beginne ich mit den Stellen, die besonders spannend, unheimlich oder traurig sind, um meinen Vortrag auf das Erleben der Kinder ausrichten zu können. Ich setze den Text wie ein Puzzle zusammen, so daß die Teile, die ich ablesen muß, immer kürzer werden.
Auch wenn man schon textsicher ist, sollte man anfangs ruhig das Buch zur Hand nehmen. Man wird die Erfahrung machen müssen, daß ein Märchen (für sich) erzählen und ein Märchen vor Kindern erzählen, einen großen Unterschied macht. Der aufgeschlagene Text bietet dann eine Sicherheit, weil sich nun die Konzentration nicht nur auf den Vortrag, sondern auch auf die Zuhörer richten muß. Diese Fähigkeit erwirbt man sich aber erst mit der Zeit, und man merkt, daß das Buch überflüssig wird, da

der Text in Fleisch und Blut übergegangen ist und sich die Aufmerksamkeit auf das zuhörende Kind verlagert. Wenn man das Buch zur Seite gelegt hat, kann man beobachten, daß, neben der Stimme, der ganze Körper beim Erzählen beteiligt ist. Inwieweit Gestik und Mimik den Vortrag unterstreichen, ist von Erzähler zu Erzähler verschieden. Es wirkt schon viel anschaulicher, wenn man an der Stelle, wo das Töpfchen erwähnt wird, die Hände zu einem Gefäß formt, wenn man mit den Achseln zuckt, als die Mutter das Wort nicht weiß, oder wenn man vom Überkochen des Breis und der darauffolgenden Katastrophe mit angespannter Körperhaltung erzählt und durch Handbewegungen den Weg des Breis (Küche – Haus – Straße – ganze Welt) vorzeichnet. Gemütlich im Sessel zurückgelehnt, Arme und Beine verschränkt oder Hände gefaltet (so wie Illustrationen die »Märchentante« oft abbilden), läßt sich die Dramatik dieses Märchens kaum vermitteln. Wenn der Erzähler wirklich die Geschichte miterlebt, wird sein Gesicht automatisch die Stimmung des Grundtons unterstreichen, die Hände werden seiner Darstellung ganz selbstverständlich Ausdruck verleihen, um die Bilder auszumalen, und an seiner Körperhaltung wird der Spannungsbogen des Märchens abzulesen sein. Inwieweit diese Mittel aber eingesetzt werden, hängt von der Persönlichkeit des Erzählers ab und läßt sich nicht vorschreiben oder gar üben. Die Körpersprache ist eine Möglichkeit, gefühlsmäßiges Engagement zu zeigen und darf nie einstudiert wirken, sondern muß spontan in die Erzählung einfließen. Deshalb kann ich in meinen Kursen auch nur Vorschläge machen und Anregungen geben, wie die den Text unterstreichende Gestik und Mimik aussehen kann. Letztendlich darf die Körpersprache aber nie in Schauspielerei übergehen, denn nicht die Person des Erzählers, sondern der Märchentext muß im Vordergrund stehen. Wer sich zwei oder drei Märchen auf diese intensive Art aufbereitet, wird feststellen, daß man sich bald in Sprache und Stil eingehört hat, daß der Handlungsaufbau vorhersehbar wird, daß Bilder und Motive in sinnverwandten Variationen immer wiederkehren – daher ist vieles, was man sich an einem Märchen erarbeitet hat, auf andere

Geschichten übertragbar. Selbst das Lernen des Textes fällt von Mal zu Mal leichter. Man bekommt ein Gefühl für die Märchen, und der Umgang wird selbstverständlicher.
Bevor ich mich nun dem Erzählen selbst zuwende, überlege ich, welche ergänzenden Informationen ich meinen Zuhörern zu den Märchen an die Hand geben muß. Damit meine ich nicht die Übersetzung stilistischer Wendungen oder Begriffe, die nicht mehr unserem heutigen Sprachgebrauch angehören, denn diese sind für mich ein die Phantasie ansprechendes Element des Märchens.
Da für mich Märchen nicht nur menschliches Seelenleben abbilden, sondern auch stets Geschichten darstellen, die in einen historischen Kontext eingebunden sind, versuche ich, auch diese Dimensionen meinen Zuhörern bewußt zu machen. Daher nehme ich das Märchenerzählen zum Anlaß, die Lebensumstände früherer Generationen zu veranschaulichen, soweit sie in die Texte miteinfließen und auf das Interesse der Kinder stoßen. Zum Beispiel erläutere ich ihnen die in den Märchen vorkommenden Berufe, die heute kaum mehr ausgeübt werden: der Hufschmied (KHM 124), der (Scheren-)Schleifer (KHM 83), der Drechsler (KHM 36), der Besenbinder (KHM 60), der Holzhacker (KHM 99). Ich stelle alte Handwerkskünste wie das Spinnen und das Weben mit den dazugehörigen Arbeitsgeräten vor. Wir erarbeiten zusammen die Entwicklung der Transportmittel: Pferd – Kutsche – Bahn – Auto – Flugzeug, oder wir besprechen die Probleme, die den Alltag der Menschen früher beeinflußten: Hunger, Krankheit, Krieg usw.
Zu den entsprechenden Stellen im Märchen suche ich mir Material für die Kinder zusammen (Bilderbücher, alte Fotos, Dias o. ä.) und nutze die Gespräche mit meinen Zuhörern vor dem eigentlichen Erzählen, um sie mit meinen Ausführungen auf den Inhalt des Märchens einzustimmen.
Wenn die Möglichkeit besteht, kann auch ein Museumsbesuch oder eine Besichtigung eine wertvolle Ergänzung zum Märchenerzählen sein.
Eine besondere Bedeutung für die Aussage der Märchenbilder

schreibe ich den Tieren zu, die neben dem Helden das Handlungsgeschehen bestimmen. Deshalb stelle ich sie meinen Zuhörern eingehend vor, damit die Kinder klar vor Augen haben, wie die im Märchen vorkommenden Tiere aussehen, wie und wo sie leben, wie sie sich ernähren, welche Fähigkeiten sie haben und welche natürlichen Feinde sie fürchten müssen.

Wenn ich *Die Bienenkönigin (KHM 62)* erzähle, mache ich vorher einen Besuch im Wald, damit die Kinder einen richtigen Ameisenhaufen mit seinem geschäftigen Gewimmel betrachten und den Tieren bei der Arbeit zusehen können. Am Teich zeige ich ihnen die Enten, die wir bei ihren Flug- und Tauchversuchen beobachten. Besonders anschaulich wird die Erklärung über die Vorgänge im Bienenstock durch einen Besuch beim Imker. Hier können die Kinder nicht nur lernen, wie die Bienen ihren Honig produzieren, sondern sie erfahren auch, daß selbst das Zusammenleben der Tiere durch Rechte und Pflichten geregelt ist. Wieder daheim (im Kindergarten) können die Kinder die Tiere malen und basteln und die Geräusche nachahmen, die sie bei ihrer Beobachtung wahrgenommen haben.

Erst die Einführung der verschiedenen Tiergattungen ermöglicht dem Zuhörer die unterschiedlichen Aspekte zu erkennen, die den symbolischen Charakter bestimmen. (Dann kann man sich unter Umständen die Fähigkeit der Bienenkönigin, die die dritte und schwerste Aufgabe zu lösen weiß, so erklären, daß sie in ihrem Volk eine übergeordnete Stellung einnimmt und als »fliegendes Tier« das Element der Luft vertritt, das für Ideen und die geistige Auseinandersetzung steht.) Kindern darf man unter keinen Umständen Interpretationen anbieten, sie sollen ihre eigenen Erklärungen finden; aber die genaue Vorstellung der Tiere erleichtert ihnen eine Bestimmung und Einordnung in den Gesamtzusammenhang.

Wenn man den *süßen Brei* erzählt, sollte man, so wie es Frau Betz in ihrem Buch vorschlägt, vorher mit den Kindern zusammen ein Breigericht zubereiten. So können die Kinder miterleben, wie aus den verschiedenen Zutaten der Brei entsteht und wie schnell dieser überkocht. Sie hören dann, wie es auf der Koch-

platte zischt und knistert und vernehmen den durchdringenden Geruch der verbrannten Masse, der bald den ganzen Raum erfüllt. Falls man sie nachher an der Herdreinigung beteiligt, haben sie sich die gemeinsame Mahlzeit richtig verdient. Nach diesem Erlebnis spricht das Märchen dann nicht nur die abstrakte Imagination der Kinder an, da durch die Erinnerung alle Sinne wachgerufen werden. Ihre Vorstellung wird durch die Wahrnehmungen ergänzt, die sie mit der geschilderten Szene in Verbindung bringen, und gewinnt dadurch an Intensität.
Wie eine am Märchen orientierte Einführung für das Kind den Zugang zu der Geschichte erleichtern kann, so bieten nachfolgende Aktionen Gelegenheit, den Text zu vertiefen und das Erleben des Zuhörers aufzuarbeiten. Wichtig ist nur der richtige Zeitpunkt für solche Angebote. Das Kind darf nicht zu früh in die Auseinandersetzung mit dem Märchen gedrängt werden. Oftmals erzeugt erst eine mehrmalige Wiederholung die nötige Vertrautheit mit der Geschichte, die das Kind in die Lage versetzt, sein Empfinden spielerisch umzusetzen. Vorschläge zum schöpferischen Ausgestalten und Nacherleben gibt das Buch »Kinder spielen Märchen« von Helga Zitzlsperger, das ich in diesem Zusammenhang empfehlen möchte.

Das Erzählen

In meinen Fortbildungsveranstaltungen lege ich großen Wert auf Erzählübungen. Wenn man sich entschlossen hat, Märchen anzubieten, so ist es oftmals noch ein weiter Schritt bis zum Vortrag. Deshalb versuche ich, die Teilnehmer schon in die Praxis einzuführen, da meine theoretische Anleitung erst durch die praktische Umsetzung einsichtig wird.
Das gilt besonders für die Art und Weise des Erzählens. Das spontane Erzählen ist meist ein, in eigenen Worten, freies Berichten. Der Erzähler kann sich an einer Vorlage orientieren, oder aber er wählt eigene Geschichten. Er stellt seinen Vortrag auf die

Gelegenheit und den Zuhörerkreis ab und knüpft somit an die Erzähltradition an. Die Geschichte ist flexibel und variabel, da der Erzähler Stimmungen, Emotionen und Reaktionen der jeweiligen Zuhörer sowie aktuelle Ereignisse aufnehmen, einflechten und kommentieren kann. Solche Erzählereinschübe, die sich direkt an den Zuhörer wenden, sind auch in den Märchen wiederzufinden. Zum Beispiel der Einleitungssatz des Märchens *Der Hase und der Igel (KHM 187):* »Diese Geschichte hört sich ziemlich lügenhaft an, Jungens, aber wahr ist sie doch, denn mein Großvater, von dem ich sie habe, pflegte immer, wenn er sie behaglich erzählte, dabei zu sagen: ›Wahr muß sie doch sein, mein Sohn, anders könnte man sie auch gar nicht erzählen.‹«
Ein solcher Vortrag wirkt meist sehr lebendig und mitreißend, weil es die Geschichte des Erzählers ist, die er selbst ausgestaltet. Selbst wenn er nicht aus sich selbst schöpft, sondern auf eine vorgegebene Geschichte zurückgreift, wird er sie durch seine Wiedergabe unwillkürlich zu seiner eigenen machen.
Diese Zwangsläufigkeit möchte ich meinen Teilnehmern eindrücklich vor Augen führen. Zu Beginn bitte ich sie, ein bekanntes Märchen in eigenen Worten wiederzugeben.
Die Auswertung der Tonbandaufnahme führt erstens zu der Erkenntnis, daß die freierzählte Geschichte zwei- bis dreimal so lang ist wie der Ursprungstext. Das ist auf die Bemühungen zurückzuführen, in unserer »modernen« Sprache die komplexe und vielschichtige Aussage des Märchens wiederzugeben. Im Märchentext schwingt viel zwischen den Zeilen, die Melodie der Sprache unterlegt eine Grundstimmung, die Worte, z. B. die Adjektive, sind in verschiedenen Richtungen deutbar – all das müssen wir verbalisieren, da sonst das lyrische Element der Vorlage verlorengeht.
Als weiteres fällt auf, daß trotz der Kenntnis des Märchentextes einzelne Passagen verfälscht wiedergegeben werden. Bestimmte Motive werden ausgeschmückt oder gewisse Details einfach weggelassen. Diese Veränderungen vollziehen sich meist unbewußt und können für den Erzähler sehr aufschlußreich sein. Er hat die Geschichte interpretiert und seine Empfindungen, Asso-

ziationen oder Erinnerungen mit eingebracht. Je stärker er sich hineinfühlt, um so mehr entfernt er sich unter Umständen von der Vorlage.
Daraufhin bitte ich meine Teilnehmer, ihr frei erzähltes Märchen zu wiederholen. Dabei entsteht abermals eine neue, veränderte Version. Es bleibt zwar die vertraute Grundstruktur des Märchens erhalten, ansonsten weist die Wiederholung aber ganz eigene Züge auf.
Bei diesem Umgang mit dem Text geht das Märchen selbst verloren. Die Bilder werden verzerrt, und die Symbole verlieren damit an Aussagekraft. Die Geschichte kann damit zwar an Lebendigkeit gewinnen, da die Konzentration, die anfänglich auf die Wiedergabe des Textes gerichtet ist, nun dem Vortrag selbst zugute kommt. Aber die Tiefe des Märchens kann so nicht ausgelotet werden, und Einwände, die gegen das Märchen erhoben werden, erhalten durch diese individuelle Umsetzung auch ihre Berechtigung. Wenn man dem spontanen, intuitiven Erzählen den Vorrang gibt, sollte man andere Geschichten auswählen. Für Kinder ist es herrlich, Anekdoten aus der Zeit zu hören, als die Eltern Kinder waren. Sie lieben Berichte von Ereignissen, an die sie sich selbst gern erinnern. Und sie folgen mit großer Begeisterung selbsterfundenen Phantasiegeschichten, besonders wenn sie an deren Entwicklung beteiligt werden. Das Märchen als Erzählstoff fordert aber eine andere Umsetzung. Im Gegensatz zu Bruno Bettelheim, der dem Erzählen in seinem Buch »Kinder brauchen Märchen« den uneingeschränkten Vorzug gibt, empfehle ich gerade am Anfang das Vorlesen von Märchen. Er begründet seine Einstellung mit der größeren Flexibilität, auf die kleinen Zuhörer eingehen und den Text auf ihre Belange ausrichten zu können. Ich sehe in solchen Abwandlungen eine Gefahr und rate daher zu einer möglichst textgetreuen Wiedergabe. Dieser Vortrag hat unter anderem den Vorteil, daß die Wiederholungen stets den gleichen Wortlaut haben.
Beim ersten Hören des Märchens muß das Kind seine ganze Konzentration auf den Ablauf des Handlungsgeschehens richten. Wenn die Geschichte sein Interesse weckt, wird es einer angebo-

tenen Wiederholung freiwillig und gerne folgen oder gar selbst darum bitten. Thematisiert das Märchen eine für das Kind aktuelle Problemstellung und bietet ihm Gelegenheit, diese Seite an Seite mit dem Märchenhelden durchzuspielen, so wird es zum »Lieblingsmärchen« auserkoren. Das kann bedeuten, daß das Kind so lange nach der Wiederholung drängt, bis es sich die Geschichte in allen Einzelheiten zu eigen gemacht hat und dadurch unter Umständen einen Weg findet, auch seine Situation zu meistern. Diese Möglichkeit hat das Kind aber nur, wenn immer die gleiche Geschichte erzählt wird und es sich nicht stets auf eine neue Variante einstellen muß. Da die Märchen den Zuhörer bisweilen mit schmerzhaften Erfahrungen und schwer zu akzeptierenden Erkenntnissen konfrontieren, stellen sie eine hohe Anforderung an seine Bereitschaft, sich damit auseinanderzusetzen. Das Kind ist dazu nur in der Lage, wenn es sich geborgen fühlt. Dazu gehört, daß ihm die Geschichte absolut vertraut ist. Jede Veränderung des bekannten Wortlauts beunruhigt das Kind, und es fragt sich: »Ist das wirklich noch das Märchen, das ich hören wollte?« Soweit es bereits Textsicherheit erlangt hat, korrigiert es spontan die Abweichung, um sich die Gewißheit zu verschaffen, daß nun alles wieder seinen gewohnten Lauf nimmt und das gute Ende nicht gefährdet ist. Wenn es den Fortgang der Geschichte nicht in Zweifel zu ziehen braucht, kann es sich beruhigt der Erzählung anvertrauen und seine eigenen Phantasien zu den Märchenszenen entwickeln. Mit jeder Wiederholung werden diese Bilder detaillierter, so daß der Zuhörer zu einer individuellen Vorstellung kommt, die er mit »seinem« Märchen verbindet. Ist dieser Prozeß abgeschlossen, wird das Kind bereit sein, seine Aufmerksamkeit auf ein neues Märchen lenken zu lassen.

Um die Einbildungskraft des Kindes nicht einzuengen, sollte man beim Märchenerzählen auf eine Bebilderung des Textes verzichten.

Wenn ich in Kindergärten erzähle, schließe ich gern als nachfolgende Aktion das Malen an. Ohne sich verbal äußern zu müssen, bietet sich den Kindern die Gelegenheit, das Märchen aufzuarbeiten. Dabei mache ich immer wieder folgende Beobachtung: Falls die Kinder zu dem Märchen eine Illustration kennen, bemühen sie sich, ihre Zeichnungen an die bekannte Abbildung anzugleichen. Sie wählen den gleichen Ausschnitt und versuchen, soweit es in ihren Möglichkeiten steht, die Figuren mit den dazugehörigen Details zu kopieren.

Ganz anders ist das Ergebnis, wenn ich ein Märchen erzähle, zu dem keine Illustration existiert. Die Bilder der Kinder fallen nun sehr unterschiedlich aus. Die Ausgangssituation wird genauso zum Thema wie Szenen der Handlungsfolge oder das abschließende gute Ende (Hochzeitsszene). Es gibt Versuche, die das ganze Märchen zusammenfassen sowie Bilder, die sich nur einer Einzelheit der Geschichte (z. B. dem Topf) widmen. Die Zuordnung der Figuren ist unterschiedlich (rechte, linke, obere, untere Blatthälfte), ihre äußere Erscheinung (klein, groß, dick, dünn usw.) sowie die Sorgfalt, die auf deren Ausgestaltung verwendet wird. (Die Figur interessiert mich, die kenne ich – das bin ich; jene Gestalt ist mir fremd.) Diese Zeichnungen geben Aufschluß über Gedanken, Gefühle und Assoziationen der Kinder, wohingegen die anderen Bilder nur Reproduktionen darstellen.

Kinder sollen zu ihren eigenen Vorstellungen finden, und dieser Weg ist ihnen versperrt, wenn man sie stets mit Bildern von anderen, meist von Erwachsenen, konfrontiert.

Welche große Bedeutung eigene Bilder haben und wie stark sich darin unser Erleben ausdrückt, erfahren wir Erwachsene, wenn wir die Verfilmung zu einem Roman sehen, den wir mit Engagement gelesen haben. Wir sind enttäuscht, oft sogar empört über eine solche Entstellung der Vorlage.

Verglichen mit den Phantasieprodukten der anderen, werden eigene Bilder immer als reicher, schöner und treffender empfunden, da man sie selbst entwickelt und erarbeitet hat. Diesen Aspekt muß man auch bei den Illustrationen, die man den Kindern anbietet, um ihren »Bilderhunger« zu stillen, im Auge behalten. Bei der Auswahl von Bilderbüchern sollte man solchen Exemplaren den Vorrang geben, die, ähnlich wie ein

Märchentext, die Phantasie ansprechen und Spielräume zum eigenen Ausgestalten lassen.
Aus dem Vorlesen ergibt sich oftmals das textgebundene Erzählen. Sowie sich der Zuhörer bei jeder Wiederholung Teile des Textes zu eigen macht, erlangt auch der Erzähler mit jedem Mal mehr Textsicherheit. Den Unterschied beider Vortragsarten lasse ich meine Teilnehmer ebenfalls lieber selbst erleben, als daß ich ihn theoretisch abhandle. Zuerst lese ich ein Märchen vor, und dann erzähle ich es im gleichen Wortlaut, ohne das Buch aufgeschlagen auf den Knien zu halten. Daraufhin bitte ich einige Teilnehmer, das Vorlesen und Erzählen zu wiederholen. Da sich die unterschiedliche Wirkung nicht nur für den Zuhörer, sondern auch für den Erzähler ergibt, sollen sich die Erzieher in beide Positionen hineinversetzen. Dabei stellen sie fest, daß sich viele Beobachtungen, die man als Zuhörer machen konnte, bestätigen, wenn man die Rolle des Erzählers übernimmt. Beim Vorlesen gibt der Vortragende das Märchen wieder, wohingegen er als Erzähler ein Teil der Geschichte wird. Wenn das Buch als Gedankenstütze nicht mehr zur Verfügung steht, muß man sich konzentriert in das Geschehen hineinversetzen, was dem Vortrag stärkere Ausdruckskraft verleiht.
Außerdem kann das Buch beim Vorlesen eine Schranke zwischen dem (aktiven) Sprecher und dem (passiven) Zuhörer bilden und die Erzählgemeinschaft in zwei Gruppen teilen. Der Erzähler hingegen spricht seinen Zuhörer unmittelbar an und bezieht ihn in das Geschehen mit ein. Er nimmt direkten Kontakt zu ihm auf und vermittelt so, daß Reaktionen von seiten des Publikums erwünscht und erwartet werden. Durch seinen Vortrag will er zum Sprechen, Reden, Diskutieren und Erzählen animieren, damit sich eine Gemeinschaft bildet, die jeden an der Gestaltung der Erzählsituation beteiligt. Ein Erzähler, der diesen kommunikativen Aspekt in den Mittelpunkt seines Vortrages rückt, schöpft intuitiv den Spielraum aus, der ihm bei der sprachlichen Ausgestaltung des Textes zur Verfügung steht. Dem »Vorleser« bleiben seine Möglichkeiten oftmals verborgen.
Gewiß, man muß einige Zeit investieren, um ein Märchen

wortgetreu erzählen zu können. Obwohl ich keineswegs denke, daß nur ein derart vorgetragenes Märchen einen wirklichen Nutzen für das Kind darstellt, ist es doch für den Zuhörer ein ganz besonderes Erlebnis, eine Steigerung im Vergleich zum guten Vorlesen. Der Lohn steht zur Arbeit auch im rechten Verhältnis: die leuchtenden Augen, die Ergriffenheit und die Anteilnahme machen deutlich, daß die Kinder in unserer Mediengesellschaft noch nicht so abgestumpft sind, daß sie von diesem Angebot der Erwachsenen nicht tief berührt würden.

Das Märchenerzählen stellt eine Bereicherung für unseren Alltag dar, da es zur Lebenshilfe für Kinder und zur Erziehungshilfe für Erwachsene werden kann. Vielleicht ist es dann der Schlüssel zu einer Wirklichkeit, die wir heute nur noch erahnen können, da wir uns so weit von ihr entfernt haben. Die Märchen bringen uns dem Geheimnis näher, das fest verschlossen in einem eisernen Kästchen liegt, das man erst in der (eigenen) Tiefe suchen und ausgraben muß. Wir sollten uns der Mühe unterziehen, diesen Schatz zu bergen und ihn an unsere Kinder weitergeben.

Ich glaube, das Märchen, mit dem die Brüder Grimm ihre Sammlung beschließen, setzt diese Aufforderung ins Bild:

Der goldene Schlüssel
(KHM 200)

Zur Winterzeit, als einmal ein tiefer Schnee lag, mußte ein armer Junge hinausgehen und Holz auf einem Schlitten holen. Wie er es nun zusammengesucht und aufgeladen hatte, wollte er, weil er so erfroren war, noch nicht nach Haus gehen, sondern erst Feuer anmachen und sich ein bißchen wärmen. Da scharrte er den Schnee weg, und wie er so den Erdboden aufräumte, fand er einen kleinen, goldenen Schlüssel. Nun glaubte er, wo der Schlüssel wäre, müßte auch das Schloß dazu sein, grub in der Erde und fand ein eisernes Kästchen. »Wenn der Schlüssel nur paßt!« dachte er. »Es sind gewiß kostbare Sachen in dem Kästchen.« Er suchte, aber es war kein Schlüsselloch da, endlich entdeckte er eins, aber so klein, daß man es kaum sehen konnte. Er probierte, und der Schlüssel paßte glücklich. Da drehte er einmal herum, und nun müssen wir warten, bis er vollends aufgeschlossen und den Deckel aufgemacht hat, dann werden wir erfahren, was für wunderbare Sachen in dem Kästchen lagen.

Anhang

Märchenempfehlungen für das Vorschulalter und das frühe Schulalter

Aus der Märchensammlung der Brüder Grimm einige Märchen, die für das Vorschulalter und frühe Schulalter geeignet sind, numeriert nach dem KHM-Verzeichnis. Bei den Altersangaben handelt es sich um Grobeinstufungen. Je nach seelisch-geistiger Entwicklung des Kindes und seiner Geübtheit im Zuhören, kann das eine oder andere Märchen früher oder auch erst später an das Kind herangetragen werden.

KHM-Zahl	Titel / Thematik	Märchenkategorie Altersempfehlung
1.	*Der Froschkönig oder der eiserne Heinrich* Der Vater verhilft der Tochter zur Loslösung, indem er von ihr fordert, zu ihrem Tun zu stehen.	Zaubermärchen 5–6 Jahre
2.	*Der Wolf und die sieben jungen Geißlein* Enges Verbundensein mit der Mutter und die Angst vor der unvermeidbaren Trennung, dargestellt durch die fressende Außenwelt: Wolf. Wiedervereinigung mit der Mutter in der symbolischen zweiten Geburt.	Tiermärchen 4–5 Jahre
10.	*Das Lumpengesindel* Widersprüchliches Verhalten: spaßige Streiche versus Rücksichtslosigkeit und Boshaftigkeit. Deshalb aufpassen, auf wen man sich einläßt.	Schwankhafte Erzählung 4–5 Jahre

11.	*Brüderchen und Schwesterchen* Loslösung von den Eltern und enger Zusammenschluß der verschiedenartigen Geschwister. Die Beziehung des Schwesterchens zu einem Mann entwickelt sich erst allmählich. Bruderbindung stört diese zunächst.	Zaubermärchen 6–7 Jahre
12.	*Rapunzel* Enge Mutter-Tochter-Bindung, die mit Hilfe eines männlichen Partners gelöst werden soll und zunächst scheitert. Nachdem beide in ein Eigenleben gefunden haben, begegnen sie sich.	Zaubermärchen 5–6 Jahre
15.	*Hänsel und Gretel* Die Kinder werden von der Mutter mit Nachdruck ins eigene Leben geführt. Bei der Hexe und ihrem Knusperhaus droht ihnen der Verlust der beginnenden Autonomie. Rückkehr ins Elternhaus zum Vater, der sich noch nicht so weit wie die Kinder entwickelt hat.	Zaubermärchen 5–6 Jahre
17.	*Die weiße Schlange* Durch die Lösung aus den elterlichen Bindungen entwickelt der Held Eigenschaften, die ihn den eigenen Lebensweg finden lassen. Nach Meisterung der gestellten Aufgaben verfügt er über die Reife, eine Partnerschaft einzugehen.	Zaubermärchen 5–6 Jahre
20.	*Das tapfere Schneiderlein* Der Glaube an die eigenen Kräfte als wichtige Voraussetzung für deren Entwicklung. Das anscheinend Kleine und Schwache kann dem Großen und Starken überlegen sein wie ein wacher Verstand der reinen Muskelkraft.	Märchenhafte Erzählung 6–7
21.	*Aschenputtel* Die ungeliebte Tochter findet durch Anstrengung ein eigenes Leben und einen Partner, während dies den geliebten, von der Mutter gelenkten, Töchtern mißlingt.	Zaubermärchen 6–7 Jahre

24.	*Frau Holle* Die enge Mutterbindung macht die geliebte Tochter faul und häßlich. Sie entwickelt kein Streben nach einem eigenen Leben. Die weniger geliebte Tochter steht in besserem Kontakt zu ihrer inneren Natur und wird zur Goldmarie als Ausdruck eines gelungenen Eigenlebens.	Zaubermärchen 5–6 Jahre
25.	*Die sieben Raben* Trennung von den Eltern und vorsichtige Annäherung an das andere Geschlecht über die Suche nach den Brüdern.	Zaubermärchen 5–6 Jahre
26.	*Rotkäppchen* Ein Versuch, ins eigene Leben zu gelangen, mit all seinen Versuchungen und Gefahren. Er führt aber wieder zurück zur Mutter.	Zaubermärchen 5–6 Jahre
27.	*Die Bremer Stadtmusikanten* Auch in ausweglosen Situationen muß nicht alles verloren sein. Bei entsprechender Initiative und Zusammenhalt kann sich eine Stärke entwickeln, die selbst Bedrohliches überwindet.	Zaubermärchen/ Tiermärchen 5–6 Jahre
33.	*Die drei Sprachen* Die Ablösung vom Vater und dessen Erwartungen an den Sohn machen es möglich, den eigenen Weg zu gehen.	Zaubermärchen 5–6 Jahre
33a.	*Der gestiefelte Kater* Eine enge Vaterbindung macht den Helden inaktiv. Die zur Individuation notwendige Anstrengung wird von einem anderen gelebt, der dadurch erlösend wirkt.	Zaubermärchen mit Dummlingsmotiv 5–6 Jahre
36.	*Tischchendeckdich, Goldesel und Knüppel aus dem Sack* Die Loslösung vom Elternhaus gelingt nur dem jüngsten der Brüder. Den älteren fehlt noch die nötige Abgrenzungsfähigkeit zur Individuation.	Zaubermärchen mit Dummlingsmotiv 5–6 Jahre

37. *Daumesdick* — Zaubermärchen, 5–6 Jahre
Die ersten Versuche, durch die Welt zu kommen, sind bedrohlich und mit Angst verbunden, vor allem dann, wenn es die Eltern dem Kind nicht zutrauen. Sie enden hier, nach der symbolischen zweiten Geburt aus dem Wolfsleib, in der elterlichen Geborgenheit.

39. *Die Wichtelmänner* — Erzählung, Anlehnung an Sage, 3–4 Jahre
In ausweglosen Situationen hilft das Sich-Verlassen auf verdrängte, nicht entwickelte Fähigkeiten, symbolisiert durch die Wichtelmänner als Helfer.

45. *Daumerlings Wanderschaft* — Zaubermärchen, 5–6 Jahre
Abenteuerliche Loslösungversuche, ähnlich der Übungsphase von Kindern, die aber wieder in der Vereinigung mit den Eltern enden.

48. *Der alte Sultan* — Tiermärchen, 4–5 Jahre
Treue und Freundschaft bringen neben Gefährdung und Unvereinbarkeiten auch lebensnotwendige Unterstützung mit sich.

50. *Dornröschen* — Zaubermärchen, 5–6 Jahre
Für die Entwicklung zur Frau ist die Loslösung von den Eltern notwendig. Eine vom Vater überbehütete Tochter braucht dafür nicht nur sieben, sondern einhundert Jahre. Die Initiation wird durch den Schlaf symbolisiert.

51. *Fundevogel* — Zaubermärchen, 5–6 Jahre
Den Kindern droht der Verlust eines eigenen autonomen Lebens durch eine verschlingende Mutter. Sie verhelfen sich wechselseitig zu einer Weiterentwicklung und zur Trennung von der Mutter.

53. *Schneewittchen* — Zaubermärchen, 5–6 Jahre
Rivalität zwischen Mutter und Tochter. Die Tochter bleibt, trotz räumlicher Trennung von der Mutter, mädchenhaft abhängig und schafft sich eine erneute Geborgenheitssitua-

tion. Erst ihr scheinbarer Tod führt sie in eine neue Entwicklungsstufe.

55.	*Rumpelstilzchen* Die Gebundenheit an den Vater kann die Entwicklung der eigenen Fähigkeiten, die Individuation und damit reife Partner- und Mutterschaft verhindern. Die Überwindung des männlichen Elementes (Rumpelstilzchen) führt zur Erlösung.	Zaubermärchen 4–5 Jahre
62.	*Die Bienenkönigin* Der Weg durchs Leben mit seinen Schwierigkeiten führt über die richtige Beziehung zur Natur und die Bewältigung der gestellten Aufgaben zur Individuation, dargestellt in der Paarbeziehung.	Zaubermärchen/ Dummlingsmärchen 4–5 Jahre
63.	*Die drei Federn* Der Weg in die Individuation als Weg nach innen zum eigenen Selbst sowie Finden eines Partners.	Zaubermärchen/ Dummlingsmärchen 4–5 Jahre
64.	*Die goldene Gans* Loslösung und Trennung aus Bevormundung führen zu den eigenen Möglichkeiten. Meisterung der gestellten Aufgaben, Beziehungsfähigkeit.	Zaubermärchen 4–5 Jahre
65.	*Allerleirauh* Erst Trennung und Ablösung vom Vater machen es möglich, ins eigene Leben zu gelangen. Dann ist auch die Beziehungsfähigkeit entwickelt.	Zaubermärchen 5–6 Jahre
75.	*Der Fuchs und die Katze* Das richtige Einschätzen der eigenen Kenntnisse und Fähigkeiten ist lebensnotwendig. Eine Überschätzung kann tödliche Folgen haben.	Tiermärchen / Fabel 4–5 Jahre
77.	*Das kluge Gretel* Streiche sind so lange lustig, wie sie für keinen der Beteiligten ernsthafte Folgen haben.	Schwankhafte Erzählung 4–5 Jahre

78.	*Der alte Großvater und sein Enkel* Eltern können von ihren Kindern lernen. Die Sensibilität der Kinder ist noch nicht intellektuell verbaut, sie sind offen für die unbewußten Prozesse, besonders innerhalb der Familie.	Erzählung 5–6 Jahre
79.	*Die Wassernixe* Zwei Kinder entkommen der Mutter, die ihre beginnende Autonomie bedroht. Vergleichbar der sog. Trotzphase von Kindern.	Zaubermärchen 4–5 Jahre
83.	*Hans im Glück* Aufgabe bereits erlangter Eigenverantwortlichkeit und Selbständigkeit. Den Anforderungen des Lebens weicht der Held aus und kehrt in die Abhängigkeit zur Mutter zurück.	Schwankhafte Kettenerzählung 4–5 Jahre
93.	*Die Rabe* Die frühe Mutter-Kind-Beziehung scheint gestört. Der Versuch der Frau, diese Symbiose mit einem Partner nachzuholen, scheitert zunächst.	Zaubermärchen 6–7 Jahre
99.	*Der Geist im Glas* Eine enge Vater-Sohn-Beziehung über die erforderliche Zeit hinaus, ist für den Sohn entwicklungshemmend. Er muß sich entgegen der väterlichen Erwartungen auf den Weg machen. Dabei entdeckt er seine eigenen Fähigkeiten und Stärken mit Gefahren umzugehen und findet ins eigene Leben.	Zaubermärchen 5–6 Jahre
103.	*Der süße Brei* Loslösung der Tochter aus der einengenden Beziehung zur Mutter, indem das Kind eigene Fähigkeiten entwickelt und, aus eigenen Kräften, bedrohliche Situationen zu Ende führt.	Zaubermärchen 3–4 Jahre
106.	*Der arme Müllersbursch und das Kätzchen* Ein in seiner Umwelt kleingehaltenes, nicht geborgenes Kind, traut sich nichts mehr zu. Erlösend wirkt die Kraft eines Dritten, die	Zaubermärchen/ Dummlingsmärchen 5–6 Jahre

ihm zunächst Geborgenheit gewährt, aber dann auch Anforderungen stellt, so daß es in ein eigenes Leben gelangt.

108.	*Hans mein Igel* Ein ungeliebtes Kind sucht seinen eigenen Weg. Zunächst erlebt es in seiner Umwelt ähnliches wie bei den Eltern. Erst die Loslösung und Besinnung auf sich selbst bringt das Vertrauen zu und die Zuneigung von anderen. Dies gibt die Möglichkeit, die Schutzhaut abzulegen.	Zaubermärchen 5–6 Jahre
122.	*Der Krautesel* Erst die Loslösung von der Mutter, mit ihren guten, verwöhnenden und bösen, vernichtenden Tendenzen, macht Individuation und reife Partnerschaft möglich.	Zaubermärchen 6–7 Jahre
141.	*Das Lämmchen und Fischchen* An die Stelle der guten Mutter (der Symbiose) tritt die »böse Mutter« (der Trennung). Durch den engen Zusammenschluß der Geschwister gewinnen sie ihr eigenes Leben.	Zaubermärchen 4–5 Jahre
144.	*Das Eselein* Ein abgelehntes Kind gelangt in die eigene Existenz. Es sucht und findet Geborgenheit bei anderen Menschen.	Zaubermärchen 5–6 Jahre
153.	*Die Sterntaler* Die Bereitschaft, zu geben und zu helfen, wird belohnt. Aber auch naiv kindliches Vertrauen, ähnlich wie es Kinder gegenüber den Eltern haben.	Märchenhafte Erzählung 3–4 Jahre
161.	*Schneeweißchen und Rosenrot* Eine übermäßig starke Mutter-Tochter-Bindung verhindert die Individuation der Töchter und damit die Fähigkeit, mit Situationen des Lebens umzugehen, z. B. hier mit Auseinandersetzungen.	Zaubermärchen 5–6 Jahre

169.	*Das Waldhaus* Nach gelungener Symbiose ist auch die entwicklungsgemäße Ablösung des Kindes erfolgreich. Entfaltung von Verantwortungsbewußtsein für sich und andere schafft die Voraussetzungen für eine gelingende Partnerschaft.	Zaubermärchen 5–6 Jahre
187.	*Der Hase und der Igel* Überheblichkeit und Hochmut werden auf witzige und listige Weise besiegt.	Tiermärchen mit den Zügen einer Fabel 5–6 Jahre
197.	*Die Kristallkugel* Die Loslösung aus dem mütterlichen Machtbereich läßt den Sohn reifen, und er kann die ihm gestellten Aufgaben und Prüfungen meistern. Er findet zu sich und in eine Partnerschaft.	Zaubermärchen 6–7 Jahre
200.	*Der goldene Schlüssel* Das Suchen in der Tiefe führt zu menschlicher Kreativität und Phantasie. Der Zuhörer kann es selbst erleben, indem er einen eigenen Schluß zum offenen Ende erfindet. Verborgenes kann erschlossen werden.	Erzählung 3–4 Jahre

Anmerkungen

[1] Röhrich, L.: *Sage und Märchen*. Freiburg 1973, S. 23

[2] Traxler, H.: *Die Wahrheit über Hänsel und Gretel*. Hamburg 1983

[3] Fraiberg, S.: *Die magischen Jahre in der Persönlichkeitsentwicklung des Vorschulkindes. Psychoanalytische Erziehungsberatung*. Hamburg 1972

[4] Mahler, M. / Pine, F. / Bergmann, A.: *Die psychische Geburt des Menschen. Symbiose und Individuation*. Frankfurt 1984

[5] Winnicott, D. W.: *Reifungsprozesse und fördernde Umwelt*. Frankfurt 1984

[6] Mahler, M. / Pine, F. / Bergmann, A.: *Die psychische Geburt des Menschen. Symbiose und Individuation*. Frankfurt 1984^{2}, S. 103

[7] Ebd., S. 104

[8] Bettelheim, B.: *Kinder brauchen Märchen*. Stuttgart 1977, S. 59

[9] Der neue Brockhaus, Band III. Wiesbaden 1974

[10] Fromm, E.: *Märchen, Mythen, Träume. Eine vergessene Sprache*. Zürich 1957, S. 19

[11] Funke, D.: *Im Glauben erwachsen werden*. München 1986. S. 149

[12] In: Rougement, Ch.: *». . . dann leben sie noch heute«*. Münster 1982

[13] In: *Deutsche Märchen seit Grimm*. Hrsg. v. Zaunert, P., Köln 1981

[14] »Der Schnee« in: *Die Märchentruhe*. Hrsg. v. Möncheberg, V., und Fromm, L., München 1968. »Warum das Meerwasser salzig ist« in: *Deutsche Märchen seit Grimm*. Hrsg. v. Zauner, P., Köln 1981

Christian Büttner (Herausgeber)

Zauber, Magie und Rituale

Pädagogische Botschaften in Märchen und Mythen
126 Seiten. Kartoniert

Zauber, Magie und Rituale beeinflussen seit jeher Denken und Handeln der Menschen. Dieses Buch enthält konkrete Beispiele, die zeigen, welche pädagogischen Botschaften in Märchen und Mythen enthalten sind. Zur Verdeutlichung dienen u. a. die Märchen vom »Geist in der Flasche«, »Der Teufel mit den drei goldenen Haaren« und »Hänsel und Gretel«.
Zentraler Punkt all dieser psychoanalytisch ausgerichteten Beiträge ist, daß wir die »bösen« oder »schlechten« Anteile an uns sehen lernen und sie nicht nur am anderen bekämpfen!

Rudolf Seitz

Ich mach dich fröhlich

Kinder malen, wie sie helfen können

Mit einem Beitrag von Fritz Boll
Reihe: Kösel für Eltern
127 Seiten. Mit 100 farbigen Abbildungen
Kartoniert

Rudolf Seitz gibt zu den 100 für dieses Buch ausgewählten Kinderzeichnungen gezielte Seh-Hinweise und führt zugleich in die kindliche Bildsprache ein. Kinder sind spontan, offen, mutig und einfallsreich – das drückt sich auch in ihren Zeichnungen aus. Wir können z. B. niemanden mit Kopfweh zeichnen, die Kinder schon, da sie die Dinge vom Wesen her beschreiben und bezeichnen, was bei uns Erwachsenen oft nicht gleich verstanden wird. Beim Betrachten dieses Buches erfährt der Leser viel über die Bildsprache von Kindern und kann Kinderzeichnungen besser verstehen.

Kösel-Verlag · München